au cinquiéme,†† qu'il a fallu
necessairement y ajoûter, et
que par respect pour le grand
Corneille on a pris soin de
distinguer par ces virgules »
a qui les imprimeurs donnent
le nom de Guillemets, et qui se
trouvent dans les editions de
Moliere aux endroits de ses
pieces que les Comediens ont
coutume de Couper dans les
répresentations.

—

+ » Quoy me braver encor aprés ce qu'il a fait,
» par la rebellion couronner son forfait?

†† » Aproche toy Rodrigue, et toy reçois ma fille,
» de la main de ton Roy, l'appuy de la Castille,

C'est icy une preface et des changem[ens]
faits par Mr Rousseau en 1730.

LE CID

TRAGI-COMEDIE.

Y 1101

A PARIS,

Chez AVGVSTIN COVRBE', Libraire &
Imprimeur de Monsieur frere du Roy, dans la
petite Salle du Palais, à la Palme.

M. DC. XXXIX.

AVEC PRIVILEGE DV ROY.

A MADAME
DE
COMBALET.

ADAME,

Ce portraict viuant que je vous offre, represente vn Heros assez recognoissable aux Lauriers dont il est couuert. Sa vie a esté vne suite continuelle de victoires, son corps porté dans son armée a gagné des batailles aprés sa mort, & son nom au bout

de ſix cens ans vient encor de triompher
en France. Il y a trouué vne reception trop
fauorable pour ſe repentir d'eſtre ſorty de
ſon pays, & d'auoir appris à parler vne
autre langue que la ſienne. Ce ſuccez a
paſſé mes plus ambitieuſes eſperances, &
m'a ſurpris d'abord, mais il a ceſſé de m'e-
ſtonner depuis que i'ay veu la ſatisfaction
que vous auez témoignée, quand il a paru
deuant vous ; alors i'ay oſé me promettre de
luy tout ce qui en eſt arriué, & i'ay creu
qu'apres les Eloges dont vous l'auez honoré, cet applaudiſſement vniuerſel ne luy
pouuoit manquer.   Et veritablement,
MADAME, on ne peut douter auec
raiſon de ce que vaut vne choſe qui a le
bon-heur de vous plaire : le jugement que
vous en faites eſt la marque aſſeurée de ſon
prix, & comme vous donnez touſiours
liberalement aux veritables beautez l'e-

stime qu'elles meritent, les fausses n'ont
jamais le pouuoir de vous esblouyr. Mais
vostre generosité ne s'arreste pas à des
loüanges steriles pour les ouurages qui
vous agréent, elle prend plaisir à s'e-
stendre vtilement sur ceux qui les produisent, & ne dedaigne point d'employer
en leur faueur ce grand credit que vostre
qualité & vos vertus vous ont acquis.
I'en ay ressenty des effets qui me sont
trop aduantageux pour m'en taire, & ie
ne vous dois pas moins de remercimens
pour moy que pour le C I D. C'est
vne recognoissance qui m'est glorieuse,
puisqu'il m'est impossible de publier que
ie vous ay de grandes obligations, sans
publier en mesme temps que vous m'auez
assez estimé pour vouloir que ie vous en
eusse. Aussi M A D A M E, si ie souhaite
quelque durée pour cet heurcux effort de

ACTEVRS.

D. FERNAND, premier Roy de Castille.
D. VRRAQVE, Infante de Castille.
D. DIEGVE, pere de D. Rodrigue.
D. GOMES, Comte de Gormas pere de Chimene.
D. RODRIGVE, fils de D. Diegue, & Amant de Chimene.
D. SANCHE, Amoureux de Chimene.
D. ARIAS,
D. ALONSE, } Gentilhommes Castillans.
CHIMENE, Maistresse de D. Rodrigue, & de D. Sanche.
LEONOR, Gouuernante de l'Infante.
ELVIRE, suiuante de Chimene.
Vn Page de l'Infante.

La Scene est à Seuille.

LE CID,
TRAGICOMEDIE.

ACTE I.

SCENE PREMIERE.
LE COMTE, ELVIRE.

ELVIRE.

ENTRE tous ces Amans dont la ieune ferueur
Adore voſtre fille, & brigue ma faueur ;
Dom Rodrigue & Dom Sanche à l'enuy font pareſtre.
Le beau feu qu'en leurs cœurs ſes beautez ont fait naiſtre :
Ce n'eſt pas que Chimene eſcoute leurs ſoûpirs,
Ou d'vn regard propice anime leurs deſirs,

A

Au contraire pour tous dedans l'indifference
Elle n'oste à pas vn, ny donne d'esperance,
Et sans les voir d'vn œil trop seuere, ou trop doux,
C'est de vostre seul choix qu'elle attend vn espoux.

LE COMTE.

Elle est dans le deuoir, tous deux sont dignes d'elle,
Tous deux formez d'vn sang, noble, vaillant, fidelle,
Ieunes, mais qui font lire aisément dans leurs yeux
L'esclatante vertu de leurs braues ayeux.
Dom Rodrigue surtout n'a trait en son visage,
Qui d'vn homme de cœur ne soit la haute image,
Et sort d'vne maison si feconde en guerriers,
Qu'ils y prennent naissance au milieu des lauriers.
La valeur de son pere, en son temps sans pareille,
Tant qu'à duré sa force a passé pour merueille,
Ses rides sur son front ont graué ses exploits,
Et nous disent encor ce qu'il fut autrefois :
Ie me promets du fils ce que i'ay veu du pere,
Et ma fille en vn mot peut l'aimer & me plaire.
Va t'en entretenir, mais dans cét entretien
Cache mon sentiment & decouure le sien,
Ie veux qu'à mon retour nous en parlions ensemble :
L'heure à present m'appelle au conseil qui s'assemble,
Le Roy doit à son fils choisir vn Gouuerneur,
Ou plustost m'esleuer à ce haut rend d'honneur ;
Ce que pour luy mon bras chaque iour execute,
Me defend de penser qu'aucun me le dispute.

SCENE II.
CHIMENE, ELVIRE.

ELVIRE seule.

*V*elle douce nouuelle à ces ieunes Amans!
Et que tout se dispose à leurs contentemens!

CHIMENE.

Et bien, Eluire, enfin, que faut-il que i'espere?
Que dois-ie deuenir, & que t'a dit mon pere?

ELVIRE.

Deux mots dont tous vos sens doiuent estre charmez,
Il estime Rodrigue autant que vous l'aimez.

CHIMENE.

L'excez de ce bon-heur me met en deffiance,
Puis-je à de tels discours donner quelque croyance?

ELVIRE.

Il passe bien plus outre, il approuue ses feux,
Et vous doit commander de respondre à ses vœux.
Iugez apres cela puis que tantost son pere
Au sortir du Conseil doit proposer l'affaire,
S'il pouuoit auoir lieu de mieux prendre son temps,
Et si tous vos desirs seront bien-tost contens.

A ij

CHIMENE.

Il semble toutefois que mom ame troublée
Refuse cette ioye, & s'en trouue accablée,
Vn moment donne au sort des visages diuers,
Et dans ce grand bon-heur ie crains vn grand reuers.

ELVIRE.

Vous verrez vostre crainte heureusement deceuë.

CHIMENE.

Allons, quoy qu'il en soit, en attendre l'issuë.

SCENE III.

L'INFANTE, LEONOR, Page.

L'INFANTE au Page.

A-t'en trouuer Chimene, & luy dy de
  ma part
Qu'auiourd'huy pour me voir elle attend
  vn peu tard.
Et que mon amitié se plaint de sa paresse.

LEONOR.

Madame, chaque iour mesme desir vous presse,

Et ie vous voy penfiue & trifte chafque iour
L'informer auec foin comme va fon amour.

L'INFANTE.

I'en dois bien auoir foin, ie l'ay prefque forcée
A receuoir les coups dont fon ame eft bleffée,
Elle aime Dom Rodrigue, & le tient de ma main,
Et par moy Dom Rodrigue a vaincu fon defdain,
Ainfi de ces amants ayant formé les chaifnes,
Ie dois prendre intereft à la fin de leurs peines.

LEONOR.

Madame, toutefois parmy leurs bons fucces
On vous voit vn chagrin qui va iufques à l'exces.
Cet amour qui tous deux les comble d'allegreffe
Fait-il de ce grand cœur la profonde trifteffe?
Et ce grand intereft que vous prenez pour eux
Vous rend-il mal-heureufe alors qu'ils font heureux?
Mais ie vay trop auant, & deuiens indifcrette.

L'INFANTE.

Ma trifteffe redouble à la tenir fecrette.
Efcoute, efcoute en fin comme i'ay combatu,
Et plaignant ma foibleffe admire ma vertu.
L'amour eft vn tiran qui n'efpargne perfonne,
Ce ieune Cheualier, cet amant que ie donne,
Ie l'aime.

LEONOR.

Vous l'aimez!

L'INFANTE.

Mets la main sur mon cœur,
Et voy comme il se trouble au nom de son vainqueur,
Comme il le recognoist.

LEONOR.

Pardonnez-moy, Madame,
Si ie sors du respect pour blasmer cette flame.
Choisir pour vostre Amant vn simple Cheualier!
Vne grande Princesse à ce poinct s'oublier!
Et que dira le Roy? que dira la Castille?
Vous souuenez-vous bien de qui vous estes fille?

L'INFANTE.

Ouy, ouy, ie m'en souuiens, & i'espandray mon sang
Plustost que de rien faire indigne de mon rang.
Ie te respondrois bien que dans les belles ames
Le seul merite a droit de produire des flames,
Et si ma passion cherchoit à s'excuser,
Mille exemples fameux pourroient l'authoriser:
Mais ie n'en veux point suiure où ma gloire s'engage,
Si i'ay beaucoup d'amour, i'ay bien plus de courage:
Vn noble orgueil m'apprend qu'estant fille du Roy,
Tout autre qu'vn Monarque est indigne de moy.

Quand ie vis que mon cœur ne se pouuoit défendre,
Moy-mesme ie donnay ce que ie n'osois prendre,
Ie mis au lieu de moy Chimene en ses liens,
Et i'allumay leurs feux pour esteindre les miens.
Ne t'estonne dont plus si mon ame gesnée
Auec impatience attend leur hymenée,
Tu vois que mon repos en depend auiourd'huy :
Si l'Amour vit d'espoir il meurt auecque luy,
C'est vn feu qui s'esteint faute de nourriture,
Et malgré la rigueur de ma triste auanture
Si Chimene a iamais Rodrigue pour mary
Mon esperance est morte, & mon esprit guery.
Ie souffre cependant vn tourment incroyable,
Iusques à cét hymen Rodrigue m'est aimable,
Ie trauaille à le perdre, & le perds à regret,
Et de là prend son cours mon desplaisir secret.
Ie suis au desespoir que l'Amour me contraigne,
A pousser des soûpirs pour ce que ie dédaigne,
Ie sens en deux partis mon esprit diuisé,
Si mon courage est haut, mon cœur est embrasé :
Cét hymen m'est fatal, ie le crains, & souhaite,
Ie ne m'en promets rien qu'vne ioye imparfaite,
Ma gloire & mon amour ont tous deux tant d'appas,
Que ie meurs s'il s'acheue, & ne s'acheue pas.

LEONOR.

Madame, aprés cela ie n'ay rien à vous dire,
Sinon que de vos maux auec vous ie soûpire :

Ie vous blaſmois tantoſt , ie vous plains à preſent.
Mais puiſque dans vn mal ſi doux & ſi cuiſant
Voſtre vertu combat & ſon charme & ſa force,
En repouſſe l'aſſaut , en reiette l'amorce,
Elle rendra le calme à vos eſprits flottans.
Eſperez donc tout d'elle, & du ſecours du temps,
Eſperez tout du Ciel , il a trop de iuſtice
Pour ſouffrir la vertu ſi long temps au ſupplice.

L'INFANTE.

Ma plus douce eſperance eſt de perdre l'eſpoir.

LE PAGE.

Par vos commandemens Chimene vous vient voir.

L'INFANTE.

Allez l'entretenir en cette gallerie.

LEONOR.

Voulez-vous demeurer dedans la reſuerie ?

L'INFANTE.

Non, ie veux ſeulement, malgré mon deſplaiſir,
Remettre mon viſage vn peu plus à loiſir,
Ie vous ſuy. Iuſte Ciel, d'où i'attends mon remede,
Mets en fin quelque borne au mal qui me poſſede,
Aſſeure mon repos, aſſeure mon honneur,
Dans le bon-heur d'autruy ie cherche mon bon-heur,

Cet

Cet hymenée à trois également importe,
Rends son effet plus prompt, ou mon ame plus forte,
D'vn lien coniugal ioindre cés deux amans
C'est briser tous mes fers, & finir mes tourmens.
Mais ie tarde vn peu trop, allons trouuer Chimene,
Et par son entretien soulager nostre peine.

SCENE IV.
LE COMTE. D. DIEGVE.

LE COMTE.

ENfin vous l'emportez, & la faueur du
Roy
Vous esleue en vn rang qui n'estoit deu
qu'à moy,
Il vous fait Gouuerneur du Prince de Castille.

D. DIEGVE.

Cette marque d'honneur qu'il met dans ma famille
Monstre à tous qu'il est iuste, & fait cognestre assez
Qu'il sçait recompenser les seruices passez.

LE COMTE.

Pour grands que soient les Rois, il sont ce que nous
sommes,
Il peuuent se tromper comme les autres hommes,

B

Et ce choix sert de preuue à tous les Courtisans
Qu'ils sçauent mal payer les seruices presens.

D. DIEGVE.

Ne parlons plus d'vn choix dont vostre esprit s'irrite,
La faueur l'a peu faire autant que le merite,
Vous choisissant peut-estre on eust peu mieux choisir,
Mais le Roy m'a trouué plus propre à son desir.
A l'honneur qu'il m'a fait adioustez-en en vn autre,
Ioignons d'vn sacré nœud ma maison à la vostre,
Rodrigue aime Chimene, & ce digne sujet
De ses affections est le plus cher objet :
Consentez-y, Monsieur, & l'acceptez pour gendre.

LE COMTE.

A de plus hauts partis Rodrigue doit pretendre,
Et le nouuel esclat de vostre dignité
Luy doit bien mettre au cœur vne autre vanité.
Exercez-là, Monsieur, & gouuernez le Prince,
Monstrez-luy comme il faut regir vne Prouince,
Faire trembler par tout les peuples sous sa loy,
Remplir les bons d'amour, & les meschans d'effroy :
Ioignez à ces vertus celles d'vn Capitaine,
Monstrez-luy comme il faut s'endurcir à la peine,
Dans le mestier de Mars se rendre sans égal,
Passer les iours entiers & les nuits à Cheual,
Reposer tout armé, forcer vne muraille,
Et ne deuoir qu'à soy le gain d'vne bataille.

Instruisez-le d'exemple, & vous ressouuenez
Qu'il faut faire à ses yeux ce que vous enseignez.

D. DIEGVE.

Pour s'instruire d'exemple, en despit de l'enuie,
Il lira seulement l'histoire de ma vie :
Là dans vn long tissu des belles actions
Il verra comme il faut dompter des nations,
Attaquer vne place, ordonner vne armée,
Et sur de grands exploits bastir sa renommée.

LE COMTE.

Les exemples viuans ont bien plus de pouuoir,
Vn Prince dans vn liure aprend mal son deuoir;
Et qu'a fait apres tout ce grand nombre d'années
Que ne puisse égaler vne de mes iournées ?
Si vous fustes vaillant, ie le suis auiourd'huy,
Et ce bras du Royaume est le plus ferme appuy;
Grenade, & l'Arragon tremblent quand ce fer brille,
Mon nom sert de rempart à toute la Castille.
Sans moy vous passeriez bien-tost sous d'autres loix,
Et si vous ne m'auiez, vous n'auriez plus de Rois.
Chaque iour, chaque instant, entasse pour ma gloire
Laurier dessus laurier, victoire sur victoire :
Le Prince, pour essay de generosité,
Gaigneroit des combats marchant à mon costé,
Loin des froides leçons qu'à mon bras on prefere,
Il apprendroit à vaincre en me regardant faire.

B ij

D. DIEGVE.

Vous me parlez en vain de ce que ie cognoy,
Ie vous ay veu combatre & commander sous moy :
Quand l'aage dans mes nerfs a fait couler sa glace
Vostre rare valeur a bien remply ma place,
En fin pour espargner les discours superflus
Vous estes au iourd'huy ce qu'autrefois ie fus,
Vous voyez toutesfois qu'en cette concurence
Vn Monarque entre nous met de la difference.

LE COMTE.

Ce que ie meritois . vous l'auez emporté.

D. DIEGVE.

Qui la gaigné sur vous, l'auoit mieux merité.

LE COMTE.

Qui peut mieux l'exercer, en est bien le plus digne.

D. DIEGVE.

En estre refusé n'en est pas vn bon signe.

LE COMTE.

Vous l'auez eu par brigue estant vieux Courtisan.

D. DIEGVE.

L'esclat de mes hauts faits fut mon seul partisan.

LE COMTE.

Parlons en mieux, le Roy fait honneur à voftre aage.

D. DIEGVE.

Le Roy, quand il en fait, le mefure au courage.

LE COMTE.

Et par là cet honneur n'eftoit deu qu'à mon bras.

D. DIEGVE.

Qui n'a peu l'obtenir, ne le meritoit pas.

LE COMTE.

Ne le meritoit pas ! moy ?

D. DIEGVE.

Vous.

LE COMTE.

*   Ton impudence,*
Temeraire viellard aura fa recompenfe.

Il luy
donne vn
foufflet.

D. DIEGVE.

Acheue, & prens ma vie apres vn tel affront,
Le premier dont ma race ait veu rougir fon front.

Ils met-
tent l'ef-
pée à la
main.

B iij

LE COMTE.

Et que penses-tu faire auec tant de foiblesse ?

D. DIEGVE.

O Dieu ! ma force vsée à ce besoin me laisse.

LE COMTE.

Ton espée est à moy, mais tu serois trop vain
Si ce honteux trophée auoit chargé ma main.
Adieu, fay lire au Prince, en dispit de l'enuie,
Pour son instruction l'histoire de ta vie,
D'vn insolent discours ce iuste chastiment
Ne luy seruira pas d'vn petit ornement.

D. DIEGVE.

Espargnes-tu mon sang ?

LE COMTE.

Mon ame est satisfaite,
Et mes yeux à ma main reprochent ta deffaite.

D. DIEGVE.

Tu dédaignes ma vie !

LE COMTE.

En arrester les cours
Ne seroit que haster la Parque de trois iours.

SCENE V.

D. DIEGVE. feul.

Rage, ô defefpoir! ô vieilleffe ennemie!
N'ay-ie donc tant vefcu que pour cette
    infamie?
Et ne fuis-ie blanchy dans les trauaux
    guerriers
Que pour voir en vn iour fleftrit tant de l'auriers?
Mon bras qu'auec refpect toute l'Efpagne admire,
Mon bras qui tant de fois a fauué cet Empire,
Tant de fois affermy le Trofne de fon Roy,
Trahit donc ma querelle, & ne fait rien pour moy?
O cruel fouuenir de ma gloire paßée!
Oeuure de tant de iours en vn iour effacee!
Nouuelle dignité fatale à mon bon-heur,
Precipice efleué d'où tombe mon honneur,
Faut-il de voftre efclat voir triompher le Comte,
Et mourir fans vengeance, ou viure dans la honte?
Comte, fois de mon Prince à prefent Gouuerneur,
Ce haut rang n'admet point vn homme fans honneur,
Et ton ialoux orgueil par cet affront infigne
Malgré le choix du Roy m'en a fceu rendre indigne.

Et toy de mes exploicts glorieux instrument,
Mais d'un corps tout de glace inutile ornement,
Fer, iadis tant a craindre, & qui dans cette offence
M'as seruy de parade, & non pas de defense,
Va, quitte desormais le dernier des humains,
Passe pour me vanger en de meilleures mains,
Si Rodrigue est mon fils, il faut que l'amour cede,
Et qu'une ardeur plus haute à ses flames succede,
Mon honneur est le sien, & le mortel affront
Qui tombe sur mon chef reiallit sur son front.

SCENE VI.

D. DIEGVE, D. RODRIGVE.

D. DIEGVE.

Odrigue, as-tu du cœur?

D. RODRIGVE.

Tout autre que mon pere
L'esprouueroit sur l'heure,

D. DIEGVE.

Agreable colere,
Digne ressentiment à ma douleur bien doux:
Ie recognoy mon sang à ce noble couroux,

Ma

Ma ieunesse reuit en cette ardeur si prompte,
Vien mon fils, vien mon sang, vien reparer ma honte,
Vien me vanger.

D. RODRIGVE.

Dequoy ?

D. DIEGVE.

D'vn affront si cruel
Qu'à l'honneur de tous deux il porte vn coup
　　mortel,
D'vn soufflet. L'insolent en eust perdu la vie, .
Mais mon aage a trompé ma genereuse enuie,
Et ce fer que mon bras ne peut plus soustenir
Ie le remets au tien pour vanger & punir :
Va contre vn arrogant esprouuer ton courage ,
Ce n'est que dans le sang qu'on laue vn tel outrage,
Meurs, ou tue. Au surplus, pour ne te point flatter,
Ie te donne à combatre vn homme à redouter ;
Ie l'ay veu tout sanglant au milieu des batailles
Se faire vn beau rempart de mille funerailles.

D. RODRIGVE.

Son nom, c'est perdre temps en propos superflus.

D. DIEGVE.

Donc pour te dire encor quelque chose de plus ,
Plus que braue soldat, plus que grand Capitaine,

C

C'est

D. RODRIGVE.

De grace acheuez.

D. DIEGVE.

Le pere de Chimene.

D. RODRIGVE.

Le

D. DIEGVE.

Ne replique point, ie cognoy ton amour,
Mais qui peut viure infame est indigne du iour,
Plus l'offenseur est cher, & plus grande est l'offense :
En fin tu sçais l'affront, & tu tiens la vangeance,
Ie ne te dis plus rien, vange moy, vange toy,
Monstre toy digne fils d'vn tel pere que moy,
Accablé des mal-heurs ou le destin me range
Ie m'en vay les pleurer, va, cours, vole, & nous vange.

SCENE VII.

D. RODRIGVE. feul.

Ercé iufques au fonds du cœur
D'vne atteinte impréueuë auſſi bien que
    mortelle,
Miſerable vangeur d'vne iuſte querelle,
Et mal-heureux obiet d'vne iniuſte rigueur,
Ie demeure immobile, & mon ame abbatuë
    Cede au coup qui me tuë.
    Si prés de voir mon feu recompenſe,
    O Dieu! l'eſtrange peine !
    En cet affront mon pere eſt l'offenſe,
    Et l'offenſeur le pere de Chimene,

    Que ie ſens de rudes combats !
Contre mon propre honneur mon amour s'intereſſe,
Il faut vanger vn pere, & perdre vne maiſtreſſe,
L'vn eſchauffe mon cœur l'autre retient mon bras,
Reduit au triſte choix ou de trahir ma flame,
    Ou de viure en infame,

              C ij

Des deux coſtez mon mal eſt infiny.
O Dieu ! l'eſtrange peine !
Faut-il laiſſer vn affront impuny ?
Faut-il punir le pere de Chimene ?

*

Pere, maiſtreſſe, honneur, amour,
Noble & dure contrainte, aymable tyrannie,
Tous mes plaiſirs ſont morts, ou ma gloire ternie,
L'vn me rend mal-heureux, l'autre indigne du iour
Cher & cruel eſpoir d'vne ame genereuſe
Mais enſemble amoureuſe,
Noble ennemy de mon plus grand bon-heur
Qui fais toute ma peine,
M'es-tu donné pour vanger mon honneur ?
M'es-tu donné pour perdre ma Chimene ?

*

Il vaut mieux courir au trépas,
Ie dois à ma maiſtreſſe auſſi bien qu'à mon pere,
Qui vange cet affront irrite ſa collere,
Et qui peut le ſouffrir, ne la merite pas.
Preuenons la douleur d'auoir failly contre elle
Qui nous ſeroit mortelle :
Tout m'eſt fatal, rien ne me peut guerir,
Ny ſoulager ma peine,
Allons mon ame, & puis qu'il faut mourir,
Mourons du moins ſans offencer Chimene.

> *Mourir sans tirer ma raison!*
> *Rechercher vn trespas si mortel à ma gloire!*
> *Endurer que l'Espagne impute à ma memoire*
> *D'auoir mal soustenu l'honneur de ma maison,*
> *Respecter vn amour dont mon ame égarée*
> *Voit la perte asseureé!*
> *N'escoutons plus ce penser suborneur*
> *Qui ne sert qu'à ma peine,*
> *Allons, mon bras, du moins sauuons l'honneur,*
> *Puisqu'aussi bien il faut perdre Chimene.*

> *Ouy, mon esprit s'estoit deçeu,*
> *Dois ie pas a mon pere auant qu'à ma maistresse?*
> *Que ie meure au combat, ou meure de tristesse,*
> *Ie rendray mon sang pur comme ie l'ay receu.*
> *Ie m'accuse desia de trop de negligence,*
> *Courons à la vengeance,*
> *Et tous honteux d'auoir tant balancé,*
> *Ne soyons plus en peine*
> *(Puisque auiourd'huy mon pere est l'offencé)*
> *Si l'offenseur est pere de Chimene.*

FIN DV PREMIER ACTE.

ACTE II.

SCENE PREMIERE

D. ARIAS, LE COMTE.

LE COMTE.

E l'aduoüe entre nous, quand ie luy fis l'affront
I'eus le sang vn peu chaud, & le bras vn peu prompt ;
Mais puisque s'en est fait, le coup est sans remede.

D. ARIAS.

Qu'aux volontez du Roy ce grand courage cede,
Il y prend grande part, & son cœur irrité
Agira contre vous de pleine authorité.
Aussi vous n'auez point de valable deffense
Le rang de l'offencé, la grandeur de l'offence ;
Demandent des deuoirs & des submißions
Qui passent le commun des satisfactions.

LE COMTE.

Qu'il prenne donc ma vie, elle est en sa puissance,

D. ARIAS.

Vn peu moins de transport, & plus d'obeissance,
D'vn Prince qui vous aime appaisez le couroux,
Il a dit, ie veux, desobeïrez vous?

LE COMTE.

Monsieur, pour conseruer ma gloire & mon estime
Desobeïr vn peu n'est pas vn si grand crime.
Et quelque grand qu'il fust, mes seruices presens
Pour le faire abolir sont plus que suffisans.

D. ARIAS.

Quoy qu'on fasse d'illustre & de considerable
Iamais à son suiet vn Roy n'est redeuable :
Vous vous flatez beaucoup, & vous deuez sçauoir
Que qui sert bien son Roy ne fait que son deuoir,
Vous vous perdrez, Monsieur, sur cette confiance.

LE COMTE

Ie ne vous en croiray qu'apres l'experience,

D. ARIAS.

Vous deuez redouter la puissance d'vn Roy.

LE COMTE.

Vn iour seul ne pert pas vn homme tel que moy.

Que toute sa grandeur s'arme pour mon supplice,
Tout l'Estat perira plustost que ie perise.

D. ARIAS.

Quoy ? vous craignez si peu le pouuoir souuerain ?

LE COMTE.

D'vn sceptre qui sans moy tomberoit de sa main ?
Il a trop d'interest luy-mesme en ma personne,
Et ma teste en tombant feroit choir sa couronne.

D. ARIAS.

Souffrez que la raison remette vos esprits ,
Prenez vn bon conseil.

LE COMTE.

Le Conseil en est pris.

D. ARIAS.

Que luy diray-ie en fin ? Ie luy dois rendre conte.

LE COMTE.

Que ie ne puis du tout consentir à ma honte.

D. ARIAS.

Mais songez que les Rois veulent estre absolus.

LE COMTE.

Le sort en est ietté, Monsieur, n'en parlons plus.

D. ARIAS.

Adieu donc, puisqu'en vain ie tasche à vous resoudre:
Tout couuert de lauriers, craignez encor la foudre.

Le

LE COMTE.

Ie l'attendray sans peur.

D. ARIAS.

Mais non pas sans effet.

LE COMTE.

Nous verons donc par là Dom Diegue satisfait.
Ie m'estonne fort peu de menaces pareilles,
Dans les plus grands perils ie fais plus de merueilles,
Et quand l'honneur y va, les plus cruels trespas
Presentez à mes yeux ne m'ébranleroient pas.

D. Arias
rentre.

SCENE II.

LE COMTE, D. RODRIGVE.

D. RODRIGVE.

Moy, Comte, deux mots.

LE COMTE.

Parle.

D. RODRIGVE.

Oste moy d'vn doute.
Cognois tu bien Dom Diegue?

D

LE COMTE.

Ouy.

D. RODRIGVE.

Parlons bas, escoute.
Sçais-tu que ce vieillard fut la mesme vertu,
La vaillance, & l'honneur de son temps ? le sçais-tu ?

LE COMTE.

Peut-estre.

D. RODRIGVE.

Cette ardeur que dans les yeux ie porte,
Sçais-tu que c'est son sang ? le sçais-tu ?

LE COMTE.

Que m'importe ?

D. RODRIGVE.

A quatre pas d'icy ie te le fais sçauoir.

LE COMTE.

Ieune presomptueux.

D. RODRIGVE.

Parle sans t'émouuoir.

Ie suis ieune il est vray, mais aux ames bien nées
La valeur n'attend pas le nombre des années.

LE COMTE.

Mais t'attaquer à moy! qui t'a rendu si vain,
Toy qu'on n'a iamais veû les armes à la main?

D. RODRIGVE.

Mes pareils à deux fois ne se font point cognestre,
Et pour leurs coups d'essay veulent des coups de mai-
stre.

LE COMTE.

Sçais-tu bien qui ie suis?

D. RODRIGVE.

Ouy, tout autre que moy
Au seul bruit de ton nom pourroit trembler d'effroy;
Mille & mille lauriers dont ta teste est couuerte
Semblent porter escrit le destin de ma perte,
I'attaque en temeraire vn bras tousiours vainqueur,
Mais i'auray trop de force ayant assez de cœur,
A qui vange son pere il n'est rien impossible,
Ton bras est inuaincu, mais non pas inuincible.

LE COMTE

Ce grand cœur qui paroist aux discours que tu tiens
Par tes yeux chaque iour se descouuroit aux miens,

D ij

Et croyant voir en toy l'honneur de la Castille,
Mon ame auec plaisir te destinoit ma fille.
Ie sçay ta passion, & suis rauy de voir
Que tous ses mouuemens cedent à ton deuoir,
Qu'ils n'ont point affoibly cette ardeur magnanime,
Que ta haute vertu respond à mon estime,
Et que voulant pour gendre vn Cheualier parfait
Ie ne me trompois point au choix que i'auois fait.
Mais ie sens que pour toy ma pitié s'interesse,
I'admire ton courage, & ie plains ta ieunesse,
Ne cherche point à faire vn coup d'essay fatal,
Dispense ma valeur d'vn combat inégal,
Trop peu d'honneur pour moy suiuroit cette victoire,
A vaincre sans peril on triomphe sans gloire,
On te croiroit tousiours abatu sans effort,
Et i'aurois seulement le regret de ta mort.

D. RODRIGVE.

D'vne indigne pitié ton audace est suiuie,
Qui m'ose oster l'honneur craint de m'oster la vie.

LE COMTE.

Retire toy d'icy.

D. RODRIGVE.

Marchons sans discourir.
LE COMTE.
Es-tu si las de viure ?

D. RODRIGVE.

As-tu peur de mourir?

LE COMTE.

Vien, tu fais ton deuoir, & le fils degenere
Qui suruit vn moment à l'honneur de son pere.

SCENE III.

L'INFANTE, CHIMENE.
LEONOR.

L'INFANTE.

Ppaise, ma Chimene, appaise ta douleur,
Fais agir ta constance en ce coup de mal-
      heur :
Tu reuerras le calme apres ce foible orage,
Ton bon-heur n'est couuert que d'vn petit nuage,
Et tu n'as rien perdu pour le voir differer.

CHIMENE.

Mon cœur outré d'ennuis n'ose rien esperer,
Vn orage si prompt qui trouble vne bonace,
D'vn naufrage certain nous porte la menace.
Ie n'en sçaurois douter, ie peris dans le port,
I'aimois, i'estois aimée, & nos peres d'accord,

Et ie vous en contois la premiere nouuelle
Au mal-heureux moment que naiſſoit leur querelle,
Dont le recit fatal ſi toſt qu'on vous l'a fait
D'vne ſi douce attente a ruiné l'effet.
Maudite ambition, deteſtable manie,
Dont les plus genereux ſouffrent la tyrannie,
Impitoyable honneur, mortel à mes plaiſirs,
Que tu me vas couſter de pleurs & de ſouſpirs!

L'INFANTE.

Tu n'as dans leur querelle aucun ſuiet de craindre,
Vn moment l'a fait naiſtre, vn moment va l'eſtein-
     dre,
Elle a fait trop de bruit pour ne pas s'accorder,
Puiſque deſia le Roy les veut accommoder,
Et de ma part mon ame à tes ennuis ſenſible
Pour en tarir la ſource, y fera l'impoſſible.

CHIMENE.

Les accommodements ne font rien en ce point,
Les affronts à l'honneur ne ſe reparent point,
En vain on fait agir la force, ou la prudence,
Si l'on guerit le mal ce n'eſt qu'en apparence,
La haine que les cœurs conſeruent au dedans
Nourrit des feux cachez, mais d'autant plus ar-
     dans.

L'INFANTE.

Le ſaint nœud qui ioindra Dom Rodrigue & Chi-
 mene,
Des peres ennemis diſſipera la haine,
Et nous verrons bien toſt voſtre amour le plus fort
Par vn heureux Hymen eſtouffer ce diſcord.

CHIMENE.

Ie le ſouhaite ainſi plus que ie ne l'eſpere;
Dom Diegue eſt trop altier, & ie cognoy mon pere.
Ie ſens couler des pleurs que ie veux retenir,
Le paſſé me tourmente, & ie crains l'aduenir.

L'INFANTE.

Que crains-tu ? d'vn vieillard l'impuiſſante foi-
 bleſſe ?

CHIMENE.

Rodrigue à du courage.

L'INFANTE.

Il a trop de ieuneſſe.

CHIMENE.

Les hommes valeureux le sont du premier coup.

L'INFANTE.

Tu ne dois pas pourtant le redouter beaucoup,
Il est trop amoureux pour te vouloir déplaire,
Et deux mots de ta bouche arreste sa collere.

CHIMENE.

S'il ne m'obeit point, quel comble à mon ennuy?
Et s'il peut m'obeir, que dira-t'on de luy?
Souffrir vn tel affront estant né Gentil-homme!
Soit qu'il cedde, ou resiste au feu qui le consomme,
Mon esprit ne peut qu'estre, ou honteux ou confus
De son trop de respect, ou d'vn iuste refus.

L'INFANTE.

Chimene est genereuse, & quoy qu'intereßée
Elle ne peut souffrir vne lasche penfée!
Mais si iusques au iour de l'accommodement
Je fais mon prisonnier de ce parfait amant,
Et que i'empesche ainsi l'effet de son courage,
Son esprit amoureux n'aura-t il point d'ombrage?

CHIMENE.

Ah Madame! en ce cas ie n'ay plus de soucy.

SCENE

SCENE VI.
L'INFANTE, CHIMENE, LEONOR, LE PAGE.

L'INFANTE.

Age, cherchez Rodrigue, & l'amenez icy.

LE PAGE.

Le Comte de Gormas & luy.

CHIMENE.

Bon Dieu! Ie tremble.

L'INFANTE.

Parlez.

LE PAGE.

De ce Palais il sont sortis ensemble

CHIMENE.

Seuls?

LE PAGE.

Seuls, & qui sembloient tout bas se quereller.

E

CHIMENE.

Sans doute ils sont aux mains, il n'en faut plus parler:
Madame pardonnez, à cette promptitude.

SCENE V.

L'INFANTE, LEONOR.

L'INFANTE.

Elas! que dans l'esprit ie sens d'inquie-
    tude ;
Ie pleure ses mal-heurs, son amant me
    rauit,
Mon repos m'abandonne, & ma flame reuit.
Ce qui va separer Rodrigue de Chimene
Auecque mon espoir fait renaistre ma peine,
Et leur diuision que ie vois a regret,
Dans mon esprit charmé iette vn plaisir secret.

LEONOR.

Cette haute vertu qui regne dans vostre ame
Se rend elle si tost à cette lasche flame?

L'INFANTE.

Ne la nomme point lasche, à present que chez moy
Pompeuse & triomphante elle me fait la loy.

Porte luy du respect puisque elle m'est si chere ;
Ma vertu la combat, mais malgré moy i'espere,
Et d'vn si fol espoir mon cœur mal defendu
Vole apres vn amant que Chimene a perdu.

LEONOR.

Vous laissez choir ainsi ce glorieux courage,
Et la raison chez vous perd ainsi son vsage ?

L'INFANTE.

Ah ! qu'auec peu d'effect on entend la raison,
Quand le cœur est atteint d'vn si charmant poison !
Alors que le malade aime sa maladie
Il ne peut plus souffrir que l'on y remedie.

LEONOR.

Vostre espoir vous seduit, vostre mal vous est doux,
Mais tousiours ce Rodrigue est indigne de vous.

L'INFANTE.

Ie ne le sçay que trop, mais si ma vertu cede
Apprend comme l'amour flatte vn cœur qu'il possede.
Si Rodrigue vne fois sort vainqueur du combat,
Si dessous sa valeur ce grand guerrier s'abat,
Ie puis en faire cas, ie puis l'aimer sans honte,
Que ne fera-t'il point s'il peut vaincre le Comte ?
I'ose m'imaginer qu'à ses moindres exploits
Les Royaumes entiers tomberont sous ses loix:

E ij

Et mon amour flatteur desia me persuade
Que ie le vois assis au trosne de Grenade,
Les Mores subiuguez trembler en l'adorant,
L'Arragon receuoir ce nouueau conquerant,
Le Portugal se rendre, & ses nobles iournées
Porter de la les mers ses hautes destinées,
Au milieu de l'Afrique arborer ses lauriers :
En fin tout ce qu'on dit des plus fameux guerriers,
Ie l'attends de Rodrigue apres cette victoire,
Et fais de son amour vn suiet de ma gloire.

LEONOR.

Mais, Madame, voyez où vous portez son bras,
En suitte d'vn combat qui peut-estre n'est pas.

L'INFANTE.

Rodrigue est offensé, le Comte a fait l'outrage,
Ils sont sortis ensemble, en faut-il d'auantage ?

LEONOR.

Ie veux que ce combat demeure pour certain,
Vostre esprit va t'il point bien viste pour sa main ?

L'INFANTE.

Que veux-tu ? ie suis folle, & mon esprit s'egare,
Mais c'est le moindre mal que l'amour me prepare,
Vien dans mon cabinet consoler mes ennuis,
Et ne me quitte point dans le trouble où ie suis.

SCENE
SIXIESME.

LE ROY, D. ARIAS. D. SAN-
CHE, D. ALONSE.

LE ROY.

E Comte est donc si vain, & si peu rai-
    sonnable!
Ose-t'il croire encor son crime pardonna-
    ble?

D. ARIAS.

Ie l'ay de vostre part long-temps entretenu,
I'ay fait mon pouuoir, Sire, & n'ay rien obtenu.

LE ROY.

Iustes Cieux! Ainsi donc vn suiet temeraire
A si peu de respect, & de soin de me plaire!

E iij

Il offence Dom Diegue, & mefprife fon Roy!
Au milieu de ma Cour il me donne la loy!
Qu'il foit braue guerrier, qu'il foit grand Capitaine;
Ie luy rabatray bien cette humeur fi hautaine,
Fuft-il la valeur mefme, & le Dieu des combats,
Il verra ce que c'eft que de n'obeïr pas.
Ie fçay trop comme il faut dompter cette infolence,
Ie l'ay voulu d'abord traiter fans violence,
Mais puis qu'il en abufe, allez dés auiourd'huy,
Soit qu'il refifte, ou non, vous affeurer de luy.

D Alon-
se rentre.

D. SANCHE.

Peut-eftre vn peu de temps le rendroit moins rebelle,
On l'a pris tout boüillant encor de fa querelle,
Sire, dans la chaleur d'vn premier mouuement
Vn cœur fi genereux fe rend malaifément;
On voit bien qu'on a tort, mais vne ame fi haute
N'eft pas fi toft reduite à confeffer fa faute.

LE ROY.

Dom Sanche, taifez-vous & foyez aduerty
Qu'on fe rend criminel à prendre fon party.

D. SANCHE.

I'obeïs, & me tais, mais de grace encor Sire,
Deux mots en fa defenfe.

LE ROY.

Et que pourrez vous dire?

D. SANCHE.

Qu'vne ame accouſtumée aux grandes actions
Ne ſe peut abaiſſer à des ſubmiſſions.
Elle n'en conçoit point qui s'expliquent ſans honte;
Et c'eſt contre ce mot qu'a reſiſté le Comte;
Il trouue en ſon deuoir vn peu trop de rigueur,
Et vous obeiroit s'il auoit moins de cœur.
Commandez que ſon bras nourry dans les alarmes
Repare cette iniure à la pointe des armes,
Il ſatisfera, Sire, & vienne qui voudra,
Attendant qu'il l'ait ſceu voicy qui reſpondra.

LE ROY.

Vous perdez le reſpect, mais ie pardonne à l'aage,
Et i'eſtime l'ardeur en vn ieune courage;
Vn Roy dont la prudence à de meilleurs obiets
Eſt meilleur ménager du ſang de ſes ſubiets,
Ie veille pour les miens, mes ſoucis les conſeruent,
Comme le chef a ſoin des membres qui le ſeruent:
Ainſi voſtre raiſon n'eſt pas raiſon pour moy;
Vous parlez en ſoldat, ie dois agir en Roy.

Et quoy qu'il faille dire, & quoy qu'il veuille croire,
Le Comte à m'obeïr ne peut perdre sa gloire.
D'ailleurs l'affront me touche, il a perdu d'honneur
Celuy que de mon fils i'ay fait le Gouuerneur,
Et par ce trait hardy d'vne insolence extreme
Il s'est pris à mon choix, il s'est pris à moy-mesme.
C'est moy qu'il satisfait en reparant ce tort,
N'en parlons plus. Au reste on nous menace fort,
Sur vn aduis receu ie crains vne surprise.

D. ARIAS.

Les Mores contre vous font-ils quelque entreprise?
S'osent-il preparer à des efforts nouueaux?

LE ROY.

Vers la bouche du fleuue on a veu leurs vaisseaux,
Et vous n'ignorez pas qu'auec fort peu de peine
Vn flux de pleine mer iusqu'icy les amene.

D. ARIAS

Tant de combats perdus leur ont osté le cœur
D'attaquer desormais vn si puissant vainqueur.

LE ROY.

N'importe, ils ne sçauroient qu'auecque ialousie
Voir mon sceptre auiourd'huy regir l'Andalousie,

Et

Et ce pays si beau que i'ay conquis sur eux.
Reueille à tous momens leur desseins genereux :
C'est l'vnique raison qui m'a fait dans Seuille
Placer depuis dix ans le trosne de Castille,
Pour les voir de plus pres, & d'vn ordre plus prompt
Renuerser aussi tost ce qu'ils entreprendront.

D. ARIAS.

Sire, ils ont trop appris aux despens de leurs testes
Combien vostre presence asseure vos conquestes :
Vous n'auez rien à craindre.

LE ROY.

           Et rien à negliger,
Le trop de confiance attire le danger,
Et le mesme ennemy que l'on vient de destruire,
S'il sçait prendre son temps, est capable de nuire,
Toutesfois i'aurois tort de ietter dans les cœurs
L'aduis estant mal seur, de Paniques terreurs,
L'effroy que produiroit cette alarme inutile
Dans la nuit qui suruient troubleroit trop la ville :
Puisqu'on fait bonne garde aux murs & sur le port,
Il suffit pour ce soir.

D Alon.
se reuiet.

D. ALONSE.

Sire, le Comte est mort,

F

Dom Diegue par son fils a vangé son offence.

LE ROY.

Dés que i'ay sceu l'affront, i'ay preueu la vengeance,
Et i'ay voulu dés lors preuenir ce malheur.

D. ALONSE.

Chimene à vos genoux apporte sa douleur,
Elle vient tout en pleurs vous demander iustice.

LE ROY.

Bien qu'à ses deplaisirs mon ame compatisse,
Ce que le Comte a fait semble auoir merité
Ce iuste chastiment de sa temerité.
Quelque iuste pourtant que puisse estre sa peine,
Ie ne puis sans regret perdre vn tel Capitaine;
Apres vn long seruice a mon Estat rendu,
Apres son sang pour moy mille fois repandu,
A quelques sentimens que son orgueil m'oblige,
Sa perte m'affoiblit, & son trépas m'afflige.

SCENE
SEPTIESME.

LE ROY, D. DIEGVE, CHIMENE,
D. SANCHE, D. ARIAS,
D. ALONSE.

CHIMENE.

 IRE, Sire, Iustice.

D. DIEGVE.

Ah! Sire, escoutez nous.

CHIMENE.

Ie me iette à vos pieds.

D. DIEGVE.

I'embrasse vos genoux.

CHIMENE.

Ie demande iustice.

F ij

D. DIEGVE.

Entendez ma defenſe.

CHIMENE.

Vangez moy d'vne mort.

D. DIEGVE.

Qui punit l'inſolence.

CHIMENE.

Rodrigue , Sire.

D. DIEGVE.

A fait vn coup d'homme de bien.

CHIMENE.

Il a tué mon pere.

D. DIEGVE.

Il a vangé le ſien.

CHIMENE.

Au ſang de ſes ſuiets vn Roy doit la iuſtice.

D. DIEGVE.

Vne vengeance iuste est sans peur du supplice.

LE ROY.

Leuez-vous l'vn & l'autre, & parlez à loisir.
Chimene, ie prends part à vostre déplaisir,
D'vne egale douleur ie sens mon ame atteinte,
Vous parlerez apres, ne troublez pas sa plainte.

CHIMENE.

Sire, mon pere est mort, mes yeux ont veu son sang
Couler à gros boüillons de son genereux flanc,
Ce sang qui tant de fois garantit vos murailles,
Ce sang qui tant de fois vous gaigna des batailles,
Ce sang qui tout sorty fume encor de couroux
De se voir respandu pour d'autres que pour vous,
Qu'au milieu des hazards n'osoit verser la guerre.
Rodrigue en vostre Cour vient d'encourir la terre,
Et pour son coup d'essay son indigne attentat
D'vn si ferme soustien a priué vostre Estat,
De vos meilleurs soldats abbatu l'asseurance,
Et de vos ennemis releué l'esperance.
I'arriuay sur le lieu sans force & sans couleur,
Ie le trouuay sans vie. Excusez ma douleur,

Sire, la voix me manque à ce recit funeste,
Mes pleurs & mes soupirs vous diront mieux le reste.

LE ROY.

Pren courage, ma fille, & sçache qu'auiourd'huy
Ton Roy te veut seruir de pere au lieu de luy.

CHIMENE.

Sire, de trop d'honneur ma misere est suiuie.
I'arriuay donc sans force, & le trouuay sans vie,
Il ne me parla point, mais pour mieux m'émouuoir,
Son sang sur la poußiere escriuoit mon deuoir,
Ou plûtost sa valeur en cet estat reduite
Me parloit par sa playe & hastoit ma poursuitte,
Et pour se faire entendre au plus iuste des Rois
Par cette triste bouche elle empruntoit ma voix.
Sire, ne souffrez pas que sous vostre puissance
Regne deuant vos yeux vne telle licence,
Que les plus valeureux auec impunité
Soient exposez aux coups de la temerité,
Qu'vn ieune audacieux triomphe de leur gloire,
Se baigne dans leur sang, & braue leur memoire,
Vn si vaillant guerrier qu'on vient de vous rauir
Esteint, s'il n'est vangé, l'ardeur de vous seruir.
En fin mon pere est mort, i'en demande vangeance,
Plus pour vostre interest que pour mon allegeance,

Vous perdez en la mort d'vn homme de son rang,
Vangez là par vn autre, & le sang par le sang,
Sacrifiez Dom Diegue : & toute sa famille,
A vous, à vostre peuple, à toute la Castille,
Le Soleil qui voit tout ne voit rien sous les Cieux
Qui vous puisse payer vn sang si precieux.

LE ROY.

Dom Diegue, respondez.

D. DIEGVE

Qu'on est digne d'enuie
Quand auecque la force on perd aussi la vie,
Sire, & que l'aage apporte aux hommes genereux
Auecque sa foiblesse vn destin malheureux !
Moy dont les longs trauaux ont acquis tant de gloire,
Moy que iadis par tout a suiuy la victoire,
Ie me vois auiourd'huy pour auoir trop vescu
Receuoir vn affront, & demeurer vaincu.
Ce que n'a peu iamais combat, siege, embuscade,
Ce que n'a peu iamais Arragon, ny Grenade,
Ny tous vos ennemis, ny tous mes enuieux,
L'orgueil dans vostre Cour la fait presque à vos
* yeux,*
Et souillé sans respect l'honneur de ma vieillesse,
Auantagé de l'aage, & fort de ma foiblesse.

Sire, ainſi ces cheuaux blanchis ſous le harnois,
Ce ſang pour vous ſeruir prodigué tant de fois,
Ce bras iadis l'effroy d'vne armee ennemie,
Deſcendoient au tombeau tous chargez d'infamie,
Si ie n'euſſe produit vn fils digne de moy,
Digne de ſon pays, & digne de ſon Roy.
Il m'a preſté ſa main, il a tué le Comte,
Il m'a rendu l'honneur, il a laué ma honte.
Si monſtrer du courage & du reſſentiment,
Si vanger vn ſouflet merite vn chaſtiment,
Sur moy ſeul doit tomber l'eſclat de la tempeſte:
Quand le bras a failly l'on en punit la teſte;
Du crime glorieux qui cauſe nos debats,
Sire, i'en ſuis la teſte, il n'en eſt que le bras,
Si Chimene ſe plaint qu'il a tué ſon pere,
Il ne l'euſt iamais fait, ſi ie l'euſſe peu faire.
Immolez donc ce chef que les ans vont rauir,
Et conſeruez pour vous le bras qui peut ſeruir,
Aux deſpens de mon ſang ſatisfaites Chimene,
Ie n'y reſiſte point, ie conſens à ma peine,
Et loin de murmurer d'vn iniuſte decret
Mourant ſans deshonneur ie mourray ſans regret.

LE ROY.

L'affaire eſt d'importance, & bien conſiderée
Merite en plein conſeil d'eſtre deliberée,

Dom

Dom Sanche remettez Chimene en sa maison,
Dom Diegue aura ma Cour & sa foy pour prison,
Qu'on me cherche son fils. Ie vous feray iustice.

CHIMENE.

Il est iuste, grand Roy, qu'un meurtrier perisse.

LE ROY.

Prend du repos, ma fille, & calme tes douleurs.

CHIMENE.

M'ordonner du repos, c'est croistre mes malheurs.

Fin du second Acte.

ACTE III.

SCENE PREMIERE.

D. RODRIGVE, ELVIRE.

ELVIRE.

Odrigue qu'as tu fait ? ou viens tu mise-
rable?

D. RODRIGVE.

Suiure le triste cours de mon sort miserable.

ELVIRE.

Où prens-tu cette audace & ce nouuel orgueil
De parestre en des lieux que tu remplis de deüil?
Quoy? viens-tu iusqu'icy brauer l'ombre du Comte?
Ne l'as tu pas tué?

D. RODRIGVE.

Sa vie estoit ma honte,
Mon honneur de ma main a voulu cet effort.

ELVIRE.

Mais chercher ton azile en la maison du mort !
Iamais vn meurtrier en fit-il son refuge ?

D. RODRIGVE.

Iamais vn meurtrier s'offrit-il à son Iuge ?
Ne me regarde plus d'vn visage estonné,
Ie cherche le trespas apres l'auoir donné,
Mon Iuge est mon amour, mon Iuge est ma Chimene,
Ie merite la mort de meriter sa haine,
Et i'en viens receuoir comme vn bien souuerain,
Et l'arrest de sa bouche, & le coup de sa main.

ELVIRE.

Fuy plutost de ses yeux, fuy de sa violence,
A ses premiers transports derobe ta presence;
Va, ne t'expose point aux premiers mouuemens
Que poussera l'ardeur de ses ressentimens.

D. RODRIGVE.

Non, non, ce cher obiet à qui i'ay peu déplaire
Ne peut pour mon supplice auoir trop de colere,

Et d'vn heur sans pareil ie me verray combler
Si pour mourir plustost ie la puis redoubler.

ELVIRE.

Chimene est au Palais de pleurs toute baignée,
Et n'en reuiendra point que bien accompagnée:
Rodrigue, fuy de grace, oste moy de soucy,
Que ne dira-t'on point si l'on te voit icy?
Veux-tu qu'vn médisant l'accuse en sa misere
D'auoir receu chez soy l'assassin de son pere?
Il se ca- *Elle va reuenir, elle vient, ie la voy*
che. *Du moins pour son honneur, Rodrigue, cache toy.*

SCENE II.

D. SANCHE, CHIMENE, ELVIRE,

D. SANCHE.

Vy, Madame, il vous faut de sanglan-
     tes victimes,
Vostre colere est iuste, & vos pleurs legi-
     times,
Et ie n'entreprends pas à force de parler
Ny de vous adoucir, ny de vous consoler.
Mais si de vous seruir ie puis estre capable,
Employez mon espée à punir le coupable,

Employez mon amour à vanger cette mort,
Sous vos commandemens mon bras sera trop fort.

CHIMENE.

Malheureuse!

D. SANCHE.

Madame, acceptez mon seruice.

CHIMENE.

I'offencerois le Roy, qui m'a promis iustice.

D. SANCHE·

Vous sçauez qu'elle marche auec tant de langueur
Que bien souuent le crime eschape à sa longueur,
Son cours lent & douteux fait trop perdre de larmes,
Souffrez qu'vn Cheualier vous vange par les armes,
La voye en est plus seure, & plus prompte à punir.

CHIMENE.

C'est le dernier remede, & s'il y faut venir,
Et que de mes malheurs cette pitié vous dure,
Vous serez libre alors de vanger mon iniure.

D. SANCHE.

C'est l'vnique bon-heur ou mon ame pretend,
Et pouuant l'esperer ie m'en vay trop content.

SCENE III.

CHIMENE, ELVIRE.

CHIMENE

N fin ie me vois libre, & ie puis sans con-
 trainte
De mes viues douleurs te faire voir l'at-
 teinte,
Ie puis donner passage à mes tristes soupirs,
Ie puis t'ouurir mon ame, & tous mes déplaisirs.
Mon pere est mort, Eluire, & la premiere espée
Dont s'est armé Rodrigue a sa trame coupée.
Pleurez, pleurez mes yeux, & fondez vous en eau,
La moitié de ma vie a mis l'autre au tombeau,
Et m'oblige à vanger apres ce coup funeste
Celle que ie n'ay plus, sur celle qui me reste.

ELVIRE.

Reposez vous, Madame.

CHIMENE.

    Ah ! que mal à propos
Ton aduis importun m'ordonne du repos !

Par où sera iamais mon ame satisfaite
Si ie pleure ma perte, & la main qui l'a faite?
Et que puis-ie esperer qu'vn tourment eternel,
Si ie poursuis vn crime aimant le criminel?

ELVIRE.

Il vous priue d'vn pere, & vous l'aimez encore!

CHIMENE.

C'est peu de dire aimer, Eluire, ie l'adore:
Ma passion s'oppose à mon ressentiment,
Dedans mon ennemy ie trouue mon amant,
Et ie sens qu'en dépit de toute ma colere
Rodrigue dans mon cœur combat encor mon pere.
Il l'attaque, il le presse, il cede, il se defend,
Tantost fort, tantost foible, & tantost triomphant:
Mais en ce dur combat de colere & de flame
Il déchire mon cœur sans partager mon ame,
Et quoy que mon amour ait sur moy de pouuoir
Ie ne consulte point pour suiure mon deuoir,
Ie cours sans balancer où mon honneur m'oblige;
Rodrigue m'est bien cher, son interrest m'afflige,
Mon cœur prend son party, mais contre leur effort
Ie sçay que ie suis fille, & que mon pere est mort.

ELVIRE.

Pensez-vous le poursuiure?

CHIMENE.

Ah ! cruelle pensée,
Et cruelle poursuitte où ie me vois forcée !
Ie demande sa teste, & crains de l'obtenir,
Ma mort suiura la sienne, & ie le veux punir.

ELVIRE.

Quittez, quittez, Madame, vn dessein si tragique,
Ne vous imposez point de loy si tirannique.

CHIMENE.

Quoy? i'auray veu mourir mon pere entre mes bras
Son sang criera vengeance & ie ne l'orray pas !
Mon cœur honteusement surpris par d'austres charmes
Croira ne luy deuoir que d'impuissantes larmes !
Et ie pourray souffrir qu'vn amour suborneur
Dans vn lasche silence étouffe mon honneur.

ELVIRE.

Madame, croyez-moy, vous serez excusable
De conseruer pour vous vn homme incomparable,
Vn amant si chery, vous auez assez fait,
Vous auez veu le Roy, n'en pressez point d'effet.
Ne vous obstinez point en cette humeur estrange.

CHIMENE.

Il y va de ma gloire, il faut que ie me vange,

Et

Et de quoy que nous flatte vn defir amoureux,
Toute excufe eft honteufe aux efprits genereux.

ELVIRE.

Mais vous aimeZ Rodrigue, il ne vous peut déplaire.

CHIMENE.

Ie l'aduoüe.

ELVIRE.

Apres tout que penfeZ vous donc faire?

CHIMENE.

Pour conferuer ma gloire, & finir mon ennuy,
Le pourfuiure, le perdre, & mourir apres luy.

SCENE IV.

D. RODRIGVE, CHIMENE, ELVIRE.

D. RODRIGVE.

T bien, fans vous donner la peine de pour-
fuiure,
Saoulez vous du plaifir de m'empefcher de
viure.

H

CHIMENE.

Eluire, où sommes-nous? & qu'est-ce que ie voy?
Rodrigue en ma maison! Rodrigue deuant moy!

D. RODRIGVE.

N'épargnez point mon sang, goustez sans resistance
La douceur de ma perte, & de vostre vangeance.

CHIMENE.

Helas!

D. RODRIGVE.

Escoute moy.

CHIMENE.

Ie me meurs.

D. RODRIGVE

Vn moment.

CHIMENE.

Va, laisse-moy mourir.

D. RODRIGVE.

Quatre mots seulement,
Apres ne me respons qu'auecque cette espée.

CHIMENE.

Quoy ? du sang de mon pere encor toute trempée !

D. RODRIGVE.

Ma Chimene.

CHIMENE

Oste moy cet objet odieux

Qui reproche ton crime & ta vie à mes yeux.

D. RODRIGVE.

Regarde le plustost pour exciter ta haine ,
Pour croistre ta colere, & pour haster ma peine.

CHIMENE.

Il est teint de mon sang.

D. RODRIGVE.

Plonge-le dans le mien,

Et fay luy perdre ainsi la teinture du tien.

CHIMENE.

Ah quelle cruauté, qui tout en vn iour tuë
Le pere par le fer, la fille par la veuë !
Oste-moy cet objet, ie ne le puis souffrir,
Tu veux que ie t'écoute & tu me fais mourir.

H

D. RODRIGVE.

Ie fay ce que tu veux, mais fans quitter l'enuie
De finir par tes mains ma deplorable vie ;
Car en fin n'attends pas de mon affection
Vn lafche repentir d'vne bonne action :
De la main de ton pere vn coup irreparable
Deshonoroit du mien la vieilleffe honorable ;
Tu fçais comme vn fouflet touche vn homme de cœur,
I'auois part a l'affront, i'en ay cherché l'auteur,
Ie l'ay veu, i'ay vangé mon honneur & mon pere,
Ie le ferois encor, fi i'auois à le faire.
Ce n'eft pas qu'en effet contre mon pere & moy
Ma flame affez long temps n'ait combatu pour toy :
Iuge de fon pouuoir ; dans vne telle offence
I'ay peu douter encor fi i'en prendrois vangeance,
Reduit à te déplaire, ou fouffrir vn affront,
I'ay retenu ma main, i'ay creu mon bras trop prompt,
Ie me fuis accusé de trop de violence :
Et ta beauté fans doute emportoit la balance,
Si ie n'euffe oppofé contre tous tes appas,
Qu'vn homme fans honneur ne te meritoit pas,
Qu'apres m'auoir chery quand ie viuois fans blafme
Qui m'ayma genereux, me hairoit infame,
Qu'écouter ton amour, obeir à fa voix,
C'eftoit m'en rendre indigne & diffamer ton choix.
Ie te le dis encore, & veux, tant que i'expire,
Sans ceffe le penfer & fans ceffe le dire ,

Ie t'ay fait vne offence, i'ay deu m'y porter,
Pour effacer ma honte & pour te meriter.
Mais quitte enuers l'honneur, & quitte enuers mon
    pere
C'eſt maintenant à toy que ie viens ſatisfaire,
C'eſt pour t'offrir mon ſang qu'en ce lieu tu me vois,
I'ay fait ce que i'ay deu, ie fais ce que ie dois.
Ie ſçay qu'vn pere mort t'arme contre mon crime,
Ie ne t'ay pas voulu dérober ta victime,
Immole auec courage au ſang qu'il a perdu
Celuy qui met ſa gloire à l'auoir répandu.

CHIMENE.

Ah Rodrigue ! Il eſt vray, quoy que ton ennemie
Ie ne te puis blaſmer d'auoir fuy l'infamie,
Et de quelque façon qu'éclatent mes douleurs,
Ie ne t'accuſe point, ie pleure mes malheurs.
Ie ſçay ce que l'honneur apres vn tel outrage
Demandoit à l'ardeur d'vn genereux courage,
Tu n'as fait le deuoir que d'vn homme de bien,
Mais auſſi le faiſant tu m'as apris le mien.
Ta funeſte valeur m'inſtruit par ta victoire;
Elle a vangé ton pere & ſouſtenu ta gloire,
Meſme ſoin me regarde, & i'ay, pour m'affliger,
Ma gloire à ſouſtenir, & mon pere à vanger.
Helas ! t'on intereſt icy me deſeſpere.
Si quelque autre malheur m'auoit rauy mon pere,

Mon ame auroit trouué dans le bien de te voir
L'vnique allegement qu'elle euſt peu receuoir,
Et contre ma douleur i aurois ſenty des charmes
Quand vne main ſi chere euſt eſſuyé mes larmes.
Mais il me faut te perdre apres l'auoir perdu ;
Et pour mieux tourmenter mon eſprit eperdu ,
Auec tant de rigueur mon aſtre me domine ,
Qu'il me faut trauailler moy-meſme a ta ruyne ;
Car enfin n'attens pas de mon affection
De laſches ſentiments pour ta punition :
De quoy qu'en ta faueur noſtre amour m'entretienne ,
Ma generoſité doit reſpondre a la tienne ,
Tu t'es en m'offençant monſtré digne de moy,
Ie me dois par ta mort monſtrer digne de toy.

D. RODRIGVE.

Ne differe donc plus ce que l'honneur t'ordonne ,
Il demande ma teſte & ie te l'abandonne ,
Fais en vn ſacrifice a ce noble intereſt ,
Le coup m'en ſera doux auſſi bien que l'arreſt.
Attendre apres mon crime vne lente iuſtice ,
C'eſt reculer ta gloire autant que mon ſupplice ,
Ie mourray trop heureux mourant d'vn coup ſi beau.

CHIMENE.

Va, ie ſuis ta partie, & non pas ton bourreau.

Si tu m'offres ta teste, est-ce à moy de la prendre?
Ie la dois attaquer, mais tu dois la défendre,
C'est d'vn autre que toy qu'il me faut l'obtenir,
Et ie dois te pourſuiure & non pas te punir.

D. RODRIGVE.

De quoy qu'en ma faueur noſtre amour t'en retienne,
Ta generoſité doit reſpondre à la mienne,
Et pour vanger vn pere emprunter d'autres bras,
Ma Chimene, croy moy, c'est n'y reſpondre pas:
Ma main ſeule du mien a ſçeu vanger l'offenſé,
Ta main ſeule du tien doit prendre la vangeance.

CHIMENE.

Cruel, à quel propos ſur ce point t'obſtiner?
Tu tes vangé ſans ayde & tu m'en veux donner!
Ie ſuiuray ton exemple, & i'ay trop de courage
Pour ſouffrir qu'auec toy ma gloire ſe partage,
Mon pere & mon honneur ne veulent rien deuoir
Aux traits de ton amour, ny de ton deſeſpoir.

D. RODRIGVE.

Rigoureux point d'honneur? helas! quoy que ie faſſe
Ne pourray-ie à la fin obtenir cette grace?
Au nom d'vn pere mort, ou de noſtre amitié,
Puny moy par vangeance, ou du moins par pitié,

Ton malheureux amant aura bien moins de peine
A mourir par ta main, qu'à viure auec ta haine.

CHIMENE.

Va, ie ne te hay point.

D. RODRIGVE.

Tu le dois.

CHIMENE.

Ie ne puis.

D. RODRIGVE

Crains-tu si peu le blasme, & si peu les faux bruits?
Quand on sçaura mon crime & que ta flame dure
Que ne publieront point l'enuie & l'imposture?
Force-les au silence, & sans plus discourir,
Sauue ta renommée en me faisant mourir.

CHIMENE.

Elle éclate bien mieux en te laissant en vie,
Et je veux que la voix de la plus noire enuie
Esleue au Ciel ma gloire, & plaigne mes ennuis,
Sçachant que ie t'adore & que ie te poursuis.

Va-t'en, ne monſtre plus à ma douleur extréme
Ce qu'il faut que ie perde, encore que ie l'ayme,
Dans l'ombre de la nuit cache bien ton depart,
Si l'on te voit ſortir, mon honneur court hazard,
La ſeule occaſion qu'aura la mediſance
C'eſt de ſçauoir qu'icy i'ay ſouffert ta preſence,
Ne luy donne point lieu d'attaquer ma vertu.

D. RODRIGVE.

Que ie meure.

CHIMENE.

Va t'en.

D. RODRIGVE.

A quoy te reſous-tu?

CHIMENE.

Malgré des feux ſi beaux qui rompent me colere,
Ie feray mon poßible a bien vanger mon pere,
Mais malgre la rigueur d'vn ſi cruel deuoir,
Mon vnique ſouhait eſt de ne rien pouuoir.

D. RODRIGVE.

O miracle d'amour!

CHIMENE.

Mais comble de miſeres.

I

D. RODRIGVE.

Que de maux & de pleurs nous cousteront nos peres!

CHIMENE.

Rodrigue qui l'eust creu!

D. RODRIGVE.

Chimene, qui l'eust dit!

CHIMENE.

Que nostre heur fust si proche & si tost se perdist!

D. RODRIGVE.

Et que si prés du port, contre toute esperance,
Vn orage si prompt brisast nostre esperance!

CHIMENE.

Ah, mortelles douleurs!

D. RODRIGVE.

Ah, regrets superflus!

CHIMENE.

Va t'en, encore vn coup, je ne t'écoute plus.

D. RODRIGVE.

Adieu, ie vay traiſner vne mourante vie,
Tant que par ta pourſuite elle me ſoit rauie.

CHIMENE.

Si ſ'en obtiens l'effet, je te donne ma foy,
De ne reſpirer pas vn moment aprés toy.
Adieu, ſors, & ſur tout garde bien qu'on te voye.

ELVIRE.

Madame, quelques maux que le Ciel nous enuoye,

CHIMENE.

Ne m'importune plus, laiſſe moy ſoupirer,
Ie cherche le ſilence, & la nuit pour pleurer.

SCENE V.

D. DIEGVE. ſeul.

Amais nous ne gouſtons de parfaite al-
legreſſe,
Nos plus heureux ſuccés ſont meſlez de
triſteſſe,
Touſiours quelques ſoucis en ces éuenemens
Troublent la pureté de nos contentemens:

Au milieu du bonheur mon ame en sent l'atteinte,
Ie nage dans la ioye & ie tremble de crainte,
J'ay veu mort l'ennemy qui m'auoit outragé,
Et ie ne sçaurois voir la main qui m'a vangé,
En vain ie m'y trauaille & d'vn soin inutile
Tout cassé que ie suis ie cours toute la ville,
Si peu que mes vieux ans m'ont laissé de vigueur,
Se consomme sans fruit à chercher ce vainqueur.
A toute heure, en tous lieux, dans vne nuit si sombre,
Ie pense l'embrasser, & n'embrasse qu'vne ombre,
Et mon amour deceu par cet objet trompeur,
Se forme des soupçons qui redoublent ma peur,
Je ne descouure point de marques de sa fuitte,
Ie crains du Comte mort les amis & la suitte;
Leur nombre m'épouuente & confond ma raison,
Rodrigue ne vit plus, ou respire en prison.
Iustes Cieux! me trompay-je encore à l'apparence,
Ou si ie vois enfin mon vnique esperance?
C'est luy, n'en doutons plus, mes vœux sont exaucez;
Ma crainte est dissipée, & mes ennuis cessez.

SCENE VI.

D. DIEGVE, D. RODRIGVE.

D. DIEGVE.

Odrigue, en fin le Ciel permet que ie te
    voye!

D. RODRICVE.

Helas!

D. DIEGVE.

Ne meſle point de ſoupirs à ma joye;
Laiſſe moy prendre haleine afin de te loüer,
Ma valeur n'a point lieu de te deſaduoüer,
Tu l'as bien imitée, & ton illuſtre audace
Fait bien reuiure en toy les Heros de ma race;
Ces d'eux que tu decends, c'eſt de moy que tu viens,
Ton premier coup d'eſpée égale tous les miens,
Et d'vne belle ardeur ta ieuneſſe animée
Par cette grande épreuue atteint ma renommée.
Appuy de ma vieilleſſe, & comble de mon heur,
Touche ces cheueux blancs à qui tu rends l'honneur,

Vien baiser cette joüe & recognoy la place
Où fut jadis l'affront que ton courage efface.

D. RODRIGVE.

L'honneur vous en est deu, les Cieux me font témoins
Qu'estant sorty de vous ie ne pouuois pas moins,
Ie me tiens trop heureux, & mon ame est rauie
Que mon coup d'essay plaise a qui ie dois la vie:
Mais parmy vos plaisirs ne soyez point ialoux
Si j'ose satisfaire a moy-mesme aprés vous;
Souffrez qu'en liberté mon desespoir éclate,
Assez & trop long-temps vostre discours le flate,
Ie ne me repens point de vous auoir seruy,
Mais rendez moy le bien que ce coup m'a rauy,
Mon bras pour vous vanger armé contre ma flame
Par ce coup glorieux m'a priué de mon ame,
Ne me dites plus rien, pour vous i'ay tout perdu,
Ce que ie vous deuois, ie vous l'ay bien rendu.

D. DIEGVE.

Porte encore plus haut le fruict de ta victoire.
Ie t'ay donné la vie, & tu me rends ma gloire,
Et d'autant que l'honneur m'est plus cher que le iour,
D'autant plus maintenant ie te dois de retour,
Mais d'un si braue cœur esloigne ces foiblesses,
Nous n'auõs qu'un hõneur, il est tant de maistresses
L'amour n'est qu'un plaisir, & l'honneur un deuoir.

D. RODRIGVE.

Ha que me dites vous ?

D. DIEGVE.

Ce ce tu dois sçauoir,

D. RODRIGVE.

Mon honneur offensé sur moy-mesme se vange,
Et vous m'osez pousser à la honte du change!
L'infamie est pareille & suit esgalement
Le guerrier sans courage & le perfide amant.
A ma fidelité ne faites point d'iniure,
Souffrez moy genereux sans me rendre parjure,
Mes liens sont trop forts pour estre ainsi rompus,
Ma foy m'engage encor si ie n'espere plus,
Et ne pouuant quitter ny posseder Chimene,
Le trespas que ie cherche est ma plus douce peine.

D. DIEGVE.

Il n'est pas temps encor de chercher le trespas,
Ton Prince & ton pays ont besoin de ton bras.
La flotte qu'on craignoit dans ce grand fleuue entrée
Vient surprendre la ville & piller la contrée,
Les Mores vont descendre & le flux & la nuit
Dans vne heure à nos murs les améne sans bruit,
La Cour est en desordre & le peuple en alarmes,
On n'entend que des cris, on ne voit que des larmes:

Dans ce malheur public mon bon-heur a permis
Que i'ay trouué chez moy cinq cens de mes amis,
Qui sçachant mon affront poussez d'vn mesme zele
Venoient m'offrir leur vie à vanger ma querelle.
Tu les as preuenus, mais leurs vaillantes mains
Se tremperont bien mieux au sang des Africains,
Va marcher à leur teste où l'honneur te demande,
C'est toy que veut pour Chef leur genereuse bande :
De ces vieux ennemis va soustenir l'abord,
Là, si tu veux mourir, trouue vne belle mort,
Prends-en l'occasion puisqu'elle t'est offerte,
Fay deuoir à ton Roy son salut à ta perte.
Mais reuiens en plustost les palmes sur le front,
Ne borne pas ta gloire à vanger vn affront,
Pousse-la plus auant, force par ta vaillance
La iustice au pardon & Chimene au silence ;
Si tu l'aimes, apprends que retourner vainqueur
C'est l'vnique moyen de regaigner son cœur.
Mais le temps est trop cher pour le perdre en paroles,
Ie t'arreste en discours & ie veux que tu voles,
Vien, suy moy, va combatre, & montrer à ton Roy
Que ce qu'il perd au Comte il le recouure en toy.

Fin du Troisiefme Acte.

ACTE IV.

SCENE PREMIERE

CHIMENE, ELVIRE,

CHIMENE.

 *Est-ce point vn faux bruit? le sçais-tu bien,*
Eluire?

ELVIRE.

Vous ne croiriez jamais comme chacun l'admire,
Et porte iusqu'au Ciel d'vne commune voix
De ce ieune Heros les glorieux exploits.
Les Mores deuant luy n'ont paru qu'a leur honte,
Leur abord fut bien prôpt, leur fuite encor plus promte,
Trois heures de combat laissent à nos guerriers
Vne victoire entiere & deux Roys prisonniers,
La valeur de leur chef ne trouuoit point d'obstacles.

CHIMENE.

Et la main de Rodrigue a fait tous ces miracles!

K.

ELVIRE.

Deſes nobles éfforts ces deux Roys ſont le prix,
Sa main les a vaincus & ſa main les a pris.

CHIMENE.

De qui peux tu ſçauoir ces nouuelles eſtranges ?

ELVIRE.

Du peuple qui par tout fait ſonner ſes toüanges,
Le nomme de ſa joye, & l'objet, & l'auteur,
Son Ange tutelaire, & ſon liberateur.

CHIMENE.

Et le Roy, de quel œil voit il tant de vaillance?

ELVIRE.

Rodrigue n'oſe encor paroiſtre en ſa preſence,
Mais Don Diegue rauy luy preſente enchaiſnez,
Au nom de ce vainqueur ces captifs couronnez,
Et demande pour grace à ce genereux Prince
Qu'il daigne voir la main qui ſauue ſa Prouince,

CHIMENE.

Mais n'eſt-il point bleſſé?

ELVIRE.

Ie n'en ay rien appris.

Vous changez de couleur, reprenez vos eſprits.

CHIMENE.

Reprenons donc aussi ma colere affoiblie.
Pour auoir soin de luy faut-il que ie m'oublie ?
On le vante, on le loüe & mon cœur y consent !
Mon honneur est muet, mon deuoir impuissant !
Silence mon amour, laisse agir ma colere,
S'il à vaincu deux Roys, il à tué mon pere,
Ces tristes vestemens ou ie lis mon malheur
Sont les premiers effets qu'ait produit sa valeur,
Et combien que pour luy tout vn peuple s'anime
Icy tous les objets me parlent de son crime.
Vous qui rendez la force à mes ressentimens,
Voile, crespes, habits, lugubres ornemens,
Pompe, ou m'enseuelit sa premiere victoire,
Contre ma passion soustenez bien ma gloire
Et lors que mon amour prendra trop de pouuoir
parlez a mon esprit de mon triste deuoir,
Attaquez sans rien craindre vne main triomphante.

ELVIRE.

Moderes ces transports, voicy venir l'Infante.

SCENE II.

L'INFANTE, CHIMENE, LEONOR, ELVIRE, L'INFANTE.

E ne viens pas icy consoler tes douleurs,
Ie viens plustost mesler mes soupirs a tes
pleurs.

CHIMENE.

Prenez bien plustost part à la commune ioye,
Et goustez le bon heur que le Ciel vous enuoye:
Madame autre que moy n'a droit de soupirer,
Le peril dont Rodrigue a sçeu vous retirer,
Et le salut public que vous rendent ses armes
A moy seule auiourd'huy permes encor les larmes;
Il a sauué la ville, il a seruy son Roy,
Et son bras valeureux n'est funeste qu'à moy.

L'INFANTE.

Ma Chimene, il est vray qu'il à fait des merueilles.

CHIMENE.

Desja ce bruit fascheux a frappé mes oreilles,
Et ie l'entens par tout publier hautement
Außi braue guerrier que malheureux amant.

L'INFANTE.

Qu'à de fascheux pour toy ce discours populaire?
Ce ieune Mars qu'il loüe a sceu iadis te plaire,
Il possedoit ton ame, il viuoit soubs tes loix,
Et vanter sa valeur c'est honorer ton choix.

CHIMENE.

I'accorde que chacun la vante auec iustice,
Mais pour moy sa loüange est vn nouueau supplice,
On aigrit ma douleur en l'éleuant si haut,
Ie voy ce que ie perds, quand ie voy ce qu'il vaut.
Ah cruels déplaisirs a l'esprit d'vne amante!
Plus i apprends son merite & plus mõ feu s'augmente,
Cependant mon deuoir est tousiours le plus fort
Et malgré mon amour va poursuiure sa mort.

L'INFANTE.

Hier ce deuoir te mit en vne haute estime,
L'effort que tu te fis parut si magnanime :
Si digne d'vn grand cœur, que chacun à la Cour
Admiroit ton courage & plaignoit ton amour.
Mais croirois tu l'aduis d'vne amitié fidelle?

CHIMENE.

Ne vous obeir pas me rendroit criminelle.

L'INFANTE.

Ce qui fut bon alors ne l'eſt plus auiourd'huy,
Rodrigue maintenant eſt noſtre vnique appuy,
L'eſperance & l'amour d'vn peuple qui l'adore,
Le souſtien de Caſtille & la terreur du More,
Ses faits nous ont rendu ce qu'ils nous ont oſté,
Et ton pere en luy seul ſe voit reſſucité,
Et ſi tu veux enfin qu'en deux mots ie m'explique,
Tu pourſuis en ſa mort la ruine publique,
Quoy? pour vanger vn pere eſt il iamais permis
De liurer ſa patrie aux mains des ennemis?
Contre nous ta pourſuite eſt elle legitime?
Et pour eſtre punis auons nous part au crime?
Ce n'eſt pas qu'aprés tout tu doiues eſpouſer
Celuy qu'vn pere mort t'obligeoit d'accuſer,
Ie te voudrois moy-meſme en arracher l'enuie;
Oſte luy ton amour, mais laiſſe nous ſa vie.

CHIMENE.

Hh: Madame, souffrez qu'auecque liberté
Ie pouſſe iuſqu'au bous ma generoſité.
Quoy que mon cœur pour luy contre moy s'intereſſe,
Quoy qu'vn peuple l'adore, & qu'vn Roy le careſſe,
Qu'il ſoit enuironné des plus vaillants guerriers,
Iſray ſous mes Cyprés accabler ſes lauriers.

L'INFANTE.

C'est generosité, quand pour vanger vn pere
Nostre deuoir attaque vne teste si chere :
Mais c'en est vne encor d'vn plus illustre rang,
Quand on donne au public les interests du sang,
Non, croy moy, c'est assez que d'esteindre ta flame,
Il sera trop puny s'il n'est plus dans ton ame ;
Que le bien du pays t'impose cette loy ;
Aussi bien que crois-tu que t'acorde le Roy ?

CHIMENE.

Il peut me refuser, mais ie ne me puis taire.

L'INFANTE.

Pense bien ma Chimene, à ce que tu veux faire.
Adieu, tu pourras seule y songer à loisir.

CHIMENE.

Aprés mon pere mort ie n'ay point à choisir.

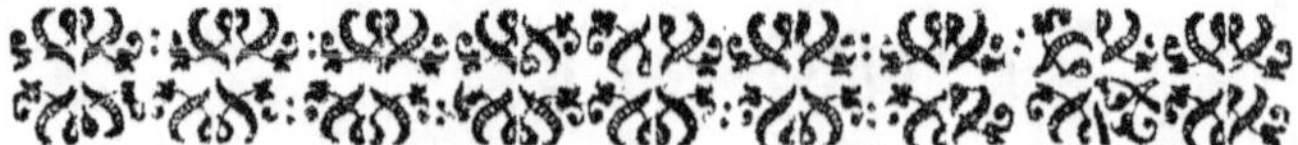

SCENE III.

LE ROY, D. DIEGVE, D. ARIAS,
D. RODRIGVE, D. SANCHE.
LE ROY.

Enereux heritier d'vne illustre famille
    Qui fut tousiours la gloire & l'appuy de
       Castille,
    Race de tant d'ayeux en valeur signalez,
Que l'essay de la tienne à si tost egalez,
Pour te recompenser ma force est trop petite,
Et i'ay moins de pouuoir que tu n'as de merite.
Le pays deliuré d'vn si rude ennemy,
Mon sceptre dans ma main par la tienne affermy,
Et les Mores deffaits auant qu'en ces alarmes
I'eusse peu donner ordre à repousser leurs armes,
Ne sont point des exploits qui laissent à ton Roy
Le moyen ny l'espoir de s'acquiter vers toy.
Mais deux Roys, tes captifs, feront ta récompense,
Ils t'ont nommé tous deux leur Cid en ma presence,
Puisque Cid en leur langue est autant que Seigneur,
Ie ne t'enuieray pas ce beau tiltre d'honneur.

Sois

Sois deformais le Cid, qu'à ce grand nom tout cede,
Qu'il deuienne l'effroy de Grenade & Tolede,
Et qu'il marque a tous ceux qui viuent fous mes loix
Et ce que tu me vaux & ce que ie te dois.

D. RODRIGVE.

Que voftre Maiefté, Sire, efpargne ma honte,
D'vn fi foible feruice elle fait trop de conte,
Et me force à rougir deuant vn fi grand Roy
De meriter fi peu l'honneur que i'en reçoy.
Ie fçay trop que ie dois au bien de voftre Empire
Et le fang qui m'anime & l'air que ie refpire,
Et quand ie les perdray pour vn fi digne objet,
Ie feray feulement le deuoir d'vn fujet.

LE ROY.

Tous ceux que ce deuoir a mon feruice engage
Ne s'en acquitent pas auec mefme courage,
Et lors que la valeur ne va point dans l'exces,
Elle ne produit point de fi rares fuccés.
Souffre donc qu'on te louë, & de cette victoire
Apprend-moy plus au long la veritable hiftoire.

D. RODRIGVE.

Sire, vous auez fceu qu'en ce danger preffant
Qui ietta dans la ville vn effroy fi puiffant,
Une troupe d'amis chez mon pere affemblee
Sollicita mon ame encor toute troublee.

Mais, Sire, pardonnez à ma temerité,
Si j'ofay l'employer fans voftre autorité;
Le peril approchoit, leur brigade eftoit prefte,
Et pareftre à la Cour, euft hazarde ma tefte,
Qu'a defendre l'Eftat i'aimois bien mieux donner,
Qu'aux plaintes de Chimene ainfi l'abandonner.

LE ROY.

J'excufe ta chaleur à venger ton offenfe,
Et l'Eftat deffendu me parle en ta deffenfe:
Croy que d'orefnauant Chimene à beau parler,
Ie ne l'efcoute plus que pour la confoler.
Mais pourfuy.

D. RODRIGVE.

Sous moy donc cette troupe s'auance,
Et porte fur le front vne mafle affeurance:
Nous partifmes cinq cens, mais par vn prompt renfort
Nous nous vifmes trois mille en arriuant au port,
Tant à nous voir marcher en fi bon equipage
Les plus epouuentez, reprenoient le courage.
I'en cache les deux tiers, auffi-toft qu'arriuez,
Dans le fonds des vaiffeaux qui lors furent trouuez:
Le refte, dont le nombre augmentoit à toute heure,
Bruflant d'impatience autour de moy demeure,
Se couche contre terre, & fans faire aucun bruit,
Paffe vne bonne part d'vne fi belle nuit.

Par mon commandement la garde en fait de mesme,
Et se tenant cachée aide à mon stratagéme,
Et ie seins hardiment d'auoir receu de vous
L'ordre qu'on me voit suiure, & que ie danne a tous:
Cette obscure clarté qui tombe des estoiles
Enfin auec le flux nous fit voir trente voiles;
L'onde s'enfloit dessous, & d'vn commun effort
Les Mores, & la mer entrerent dans le port.
On les laisse passer, tout leur paroist tranquille,
Point de soldats au port, point eux murs de la ville,
Nostre profond silence abusant leurs esprits
Ils n'osent plus douter de nous auoir surpris,
Ils abordent sans peur, ils anchrent, ils descendent
Et courent se liurer aux mains qui les attendent:
Nous nous leuons alors & tous en mesme temps
Poussons iusques au Ciel mille cris eclatans,
Les nostes au signal de nos vaisseaux respondent,
Ils paroissent armez, les Mores se confondent,
L'espouuente les prend à demy descendus
Auant que de combatre ils s'estiment perdus,
Ils couroient au pillage, & rencontrent la guerre,
Nous les pressons sur l'eau, nous les pressons sur terre,
Et nous faisons courir des ruisseaux de leur sang
Auant qu'aucun resiste, ou reprenne son rang.
Mais bien-tost malgré nous leurs Princes les rallient,
Leur courage renaist, & leurs terreurs s'oublient,
La honte de mourir sans auoir combatu
Restablit leur desordre, & leur rend leur vertu:

L ij

Contre nous de pied ferme ils tirent les épées,
Des plus braues soldats les trames sont coupées,
Et la terre, & le fleuue, & leur flotte, & le port
Sont des champs de carnage où triomphe la mort.
O combien d'actions, combien d'exploits celebres,
Furent enseuelis dans l'horreur des tenebres,
Où chacun seul témoin des grãds coups qu'il donnoit,
Ne pouuoit discerner où le sort inclinoit!
I'allois de tous costez encourager les nostres,
Faire auancer les vns, & soustenir les autres,
Ranger ceux qui venoient, les pousser à leur tour,
Et n'en pust rien sçauoir iusques au point du iour.
Mais enfin sa clarté monstra nostre aduantage,
Le More vit sa perte & perdit le courage,
Et voyant vn renfort qui nous vint secourir,
Changea l'ardeur de vaincre a la peur de mourir.
Ils gaignent leurs vaisseaux, ils en coupent les chables,
Nous laissent pour Adieux des cris espouuentables,
Font retraite en tumulte, & sans considerer
Si leurs Rois auec eux ont peu se retirer.
Ainsi leur deuoit cede à la frayeur plus forte,
Le flux les apporta, le reflux les remporte,
Cependant que leurs Rois engagez parmy nous,
Et quelque peu des leurs tous percez de nos coups,
Disputent vaillamment & vendent bien leur vie,
A se rendre moy mesme en vain ie les conuie,
Le cimeterre au point ils ne m'escoutent pas;

Mais voyant à leurs pieds tomber tous leurs soldats,
Et que seuls desormais en vain ils se defendent,
Ils demandent le Chef: ie me nomme, ils se rendent,
Ie vous les enuoyay tous deux en mesme temps,
Et le combat cessa faute de combatans.
C'est de cette façon que pour vostre seruice

SCENE IV.

LE ROY, D. DIEGVE, D. RODRIGVE, D. ARIAS, D. ALONSE, D. SANCHE.

D. ALONSE,

Ire, Chimene vient vous demander Iustice.

LE ROY.

La facheuse nouuelle, & l'importun deuoir:
Va, ie ne la veux pas obliger à te voir,
Pour tous remercimens il faut que ie te chasse:
Mais auant que sortir, vien que ton Roy t'embrasse.

D. DIEGVE.

Chimene le poursuit, & voudroit le sauuer.

LE ROY.

On ma dit qu'elle l'aime, & ie vay l'esprouuer,
Contrefaites le triste.

SCENE V.

LE ROY, D. DIEGVE, D. ARIAS
D. SANCHE, D. ALONSE,
CHIMENE, ELVIRE.

LE ROY.

          EN fin soyez contente,
Chimene, le succez respond à vostre attente,
Si de nos ennemis Rodrigue a le dessus,
Il est mort à nos yeux des coups qu'il a receus,
Rendez graces au Ciel qui vous en a vangee.
Voyez comme desia sa couleur est changée.

. D. DIEGVE. .

Mais voyez qu'elle pasme, & d'vn amour parfait
Dans cette pasmoison, Sire, admirez l'effet,
Sa douleur a trahy les secrets de son ame
Et ne vous permet plus de douter de sa flame.

CHIMENE.

Quoy? Rodrique eſt donc mort?

LE ROY.

         Non, non, il voit le iour,
Et te conſerue encor vn immuable amour,
Tu le poſſederas, reprends ton allegreſſe.

CHIMENE.

Sire, on paſme de joye, ainſi que de triſteſſe,
Vn excez de plaiſir nous rend tous languiſſants,
Et quand il ſurprend l'ame, il accable les ſens,

LE ROY.

Tu veux qu'en ta faueur nous croyons l'impoſſible,
Ta triſteſſe, Chimene, a paru trop viſible.

CHIMENE.

Et bien, Sire, adiouſtez ce comble à mes malheurs,
Nommez ma paſmoiſon l'effet de mes douleurs,
Vn iuſte déplaiſir à ce point m'a reduite;
Son trepas deſroboit ſa teſte à ma pourſuite;
S'il meurt des coups receus pour le bien du pays,
Ma vangeance eſt perduë & mes deſſeins trahis,
Vne ſi belle fin m'eſt trop iniurieuſe,
Je demande ſa mort, mais non pas glorieuſe,

Non pas dans vn esclat qui l'esleue si haut,
Non pas au lit d'honneur, mais sur vn eschaffaut.
Qu'il meure pour mon pere, & non pour la patrie,
Que son nom soit taché, sa memoire flestrie;
Mourir pour le pays n'est pas vn triste sort,
C'est s'immortaliser par vne belle mort.
I'aime donc sa victoire, & ie le puis sans crime,
Elle asseure l'Estat, & me rend ma victime,
Mais noble, mais fameuse entre tous les guerriers,
Le chef au lieu de fleurs couronné de lauriers,
Et pour dire en vn mot ce que i'en considere,
Digne d'estre immolée aux Manes de mon pere.
Helas! à quel espoir me laissay-ie emporter?
Rodrigue de ma part n'a rien à redouter,
Que pourroient contre luy des larmes qu'on mesprise?
Pour luy tout vostre Empire est vn lieu de franchise,
Là sous vostre pouuoir tout luy deuient permis,
Il triomphe de moy, comme des ennemis.
Dans leur sang espandu la iustice estouffée,
Aux crimes du vainqueur sert d'vn nouueau trophée,
Nous en croissons la pompe & le mespris des loix
Nous fait suiure son char au milieu de deux Roys.

LE ROY.

Ma fille, ces transports ont trop de violence,
Quand on rend la iustice on met tout en balance:
On a tué ton pere, il estoit l'agresseur,
Et la mesme équité m'ordonne la douceur.

Auant

Auant que d'accuser ce que i'en fais parestre,
Consulte bien ton cœur. Rodrigue en est le maistre,
Et ta flame en secret rend graces à ton Roy
Dont la faueur conserue vn tel amant pour toy.

CHIMENE.

Pour moy mon ennemy ! l'obiet de ma colere !
L'autheur de mes malheurs ! l'assassin de mon pere,
De ma iuste poursuitte on fait si peu de cas
Qu'on me croit obliger en ne m'escoutant pas !
Puisque vous refusez la iustice à mes larmes ;
Sire, permettez moy de recourir aux armes,
C'est par là seulement qu'il a sceu m'outrager,
Et c'est aussi par là que ie me dois vanger,
A tous vos Cheualiers ie demande sa teste,
Ouy, qu'vn d'eux me l'apporte, & ie suis sa côqueste,
Qu'ils le combatent, Sire, & le combat finy
I'espouse le vainqueur si Rodrigue est puny.
Sous vostre authorité souffrez qu'on le publie.

LE ROY.

Ceste vieille coustume en ces lieux establie
Sous couleur de punir vn iniuste attentat
Des meilleurs combatans affoiblit vn Estat.
Souuent de cet abus le succés deplorable
Opprime l'innocent & soustient le coupable.
I'en dispense Rodrigue, il m'est trop precieux.
Pour l'exposer aux coups d'vn sort capricieux,

M

Et quoy qu'ait peu commettre vn cœur si magnanime
Les Mores en fuyant ont emporté son crime.

D. DIEGVE.

Quoy, Sire! pour luy seul vous renuersez des loix
Qu'a veu toute la Cour obseruer tant de fois!
Que croira vostre peuple & que dira l'enuie
Si sous vostre defence il mesnage sa vie,
Et s'en sert d'vn pretexte à ne paroistre pas
Où tous les gens d'honneur cherchent vn beau trespas?
Sire, ostez ces faueurs qui terniroient sa gloire,
Qu'il gouste sans rougir les fruits de sa victoire,
Le Comte eut de l'audace, il l'en a sceu punir,
Il l'a fait en braue homme, & le doit soustenir

LE ROY.

Puisque vous le voulez i'accorde qu'il le fasse,
Mais d'vn guerrier vaincu mille prëdroient la place,
Et le prix que Chimene au vainqueur a promis
De tous mes Cheualiers feroit ses ennemis:
L'opposer seul à tous seroit trop d'iniustice,
Il suffit qu'vne fois il entre dans la lice,
Choisy qui tu voudras, Chimene, & choisy bien,
Mais apres ce combat ne demande plus rien.

D. DIEGVE.

N'excusez point par là ceux que son bras estonne,
Laissez vn camp ouuert où n'entrera personne.

Apres ce que Rodrigue a fait voir auiourd'huy,
Quel courage assez vain s'oseroit prendre à luy?
Qui se hazarderoit contre vn tel aduersaire?
Qui seroit ce vaillant, ou bien ce temeraire?

D. SANCHE.

Faites ouurir le camp, vous voyez l'assaillant,
Ie suis ce temeraire, ou plustost ce vaillant.
Accordez cette grace à l'ardeur qui me presse,
Madame, vous sçauez quelle est vostre promesse,

LE ROY.

Chimene remets tu ta querelle en sa main?

CHIMENE.

Sire, ie l'ay promis.

LE ROY.

       Soyez prest à demain.

D. DIEGVE

Non, Sire, il ne faut pas differer dauantage,
On est tousiours trop prest quand on a du courage.

LE ROY.

Sortir d'vne bataille & combatre à l'instant?

D. DIEGVE.

Rodrigue a pris haleine en vous la racontant.

LE ROY.

Du moins, vne heure, ou deux, ie veux qu'il se delasse.
Mais de peur qu'en exemple vn tel combat ne passe,
Pour tesmoigner a tous, qu'a regret ie permets
Vn sanglant procedé qui ne me plut iamais,
De moy, n'y de ma Cour il n'aura la presence.
Il parle à Don Arias. Vous seul des combatans iugerez la vaillance:
Ayez soin que tous deux fassent en gens de cœur,
Et le combat finy m'amenez le vainqueur.
Qu'el qu'il soit, mesme prix est acquis à sa peine,
Ie le veux de ma main presenter à Chimene,
Et que pour récompence il reçoiue sa foy.

CHIMENE.

Sire, c'est me donner vne trop dure loy,

LE ROY.

Tu t'en plains, mais tõ feu loing d'aduoüer ta plainte,
Si Rodrigue est vainqueur, l'accepte sans contrainte.
Cesse de murmurer contre vn arrest si doux,
Qui que ce soit des deux, i'en feray ton espoux.

Fin du Quatriesme Acte.

ACTE V.

SCENE PREMIERE

D. RODRIGVE, CHIMENE.

CHIMENE.

Voy, Rodrigue, en plein iour ! d'où te
vient cette audace ?
Va, tu me perds d'honneur, retire toy, de
grace,

D. RODRIGVE.

Ie vay mourir, Madame, & vous viens en ce lieu,
Auant le coup mortel, dire vn dernier Adieu,
Mon amour vous le doit, & mon cœur qui souspire
N'ose sans voftre adieu sortir de voftre Empire.

CHIMENE.

Tu vas mourir !

D. RODRIGVE.

J'y cours, & le Comte est vangé,
Aussi-tost que de vous i'en auray le congé.

CHIMENE.

Tu vas mourir ! Don Sanche est-il si redoutable,
Qu'il donne l'espouuente à ce cœur indomptable?
Qui t'a rendu si foible, ou qui le rend si fort?
Rodrigue va combatre, & se croit desia mort?
Celuy qui n'a pas craint les Mores, ny mon pere,
Va combatre Don Sanche, & desia desespere?
Ainsi donc au besoin ton courage s'abat?

D. RODRIGVE.

Ie cours à mon supplice, & non pas au combat,
Et ma fidelle ardeur sçait bien m'oster l'enuie,
Quand vous cherchez ma mort, de defendre ma vie.
I'ay tousiours mesme cœur, mais ie n'ay point de bras
Quand il faut conseruer ce qui ne vous plaist pas,
Et desia cette nuit m'auroit esté mortelle
Si i'eusse combatu pour ma seulle querelle:
Mais defendant mon Roy, son peuple, & le pays,
A me defendre mal ie les aurois trahis,
Mon esprit genereux ne hait pas tant la vie
Qu'il en veuille sortir par vne perfidie.
Maintenant qu'il s'agit de mon seul interest,
Vous demandez ma mort, i'en accepte l'arrest;
Vostre ressentiment choisit la main d'vn autre,
Ie ne meritois pas de mourir de la vostre;
On ne me verra point en repousser les coups,
Ie dois plus de respect à qui combat pour vous,

Et rauy de penſer que c'eſt de vous qu'ils viennent,
Puiſque c'eſt voſtre hõneur que ſes armes ſouſtiennẽt,
Ie luy vay preſenter mon eſtomac ouuert,
Adorant en ſa main la voſtre qui me perd.

CHIMENE.

Si d'vn triſte deuoir la iuſte violence,
Qui me fait mal gré moy pourſuiure ta vaillance,
Preſcrit à ton amour vne ſi forte loy
Qu'il te rend ſans deffenſe à qui combat pour moy :
En cet aueuglement ne perds pas la memoire,
Qu'ainſi que de ta vie, il y va te ta gloire,
Et que dans quelque eſclat que Rodrigue ait veſcu
Quand on le ſçaura mort, on le croira vaincu.
L'honneur te fut plus cher que ie ne te ſuis chere,
Puiſqu'il trempa tes mains dans la ſang de mon pere,
Et te fit renoncer malgré ta paſſion
A l'eſpoir le plus doux de ma poſſeſſion :
Ie t'en voy cependant faire ſi peu de conte
Que ſans rendre combat tu veux qu'on te ſurmonte.
Quelle inegalité raualle ta vertu ?
Pourquoy ne l'as-tu plus, ou pourquoy l'auois-tu ?
Quoy ? n'es tu genereux que pour me faire outrage ?
S'il ne faut m'offencer n'as-tu point de courage ?
Et traites-tu mon pere auec tant de rigueur
Qu'apres l'auoir vaincu tu ſouffret vn vainqueur ?
Non, ſans vouloir mourir laiſſe moy te pourſuiure,
Et defends ton honneur ſi tu ne veus plus viure.

D. RODRIGVE.

Apres la mort du Comte, & les Mores deffaits,
Mon honneur appuyé sur de si grands effets
Contre vn autre ennemy n'a plus à se defendre:
On sçait que mon courage ose tout entreprendre,
Que ma valeur peut tout, & que dessous les Cieux,
Quand mon honneur y va, rien ne m'est precieux.
Non, non, en ce côbat, quoy que vous veuilliez croire,
Rodrigue peut mourir sans hazarder sa gloire,
Sans qu'on l'ose accuser d'auoir manqué de cœur,
Sans passer pour vaincu, sans souffrir vn vainqueur.
On dira seulement, il adoroit Chimene,
Il n'a pas voulu viure & meriter sa haine.
Il a cedé luy-mesme à la rigueur du sort
Qui forçoit sa maistresse à poursuiure sa mort,
Elle vouloit sa teste, & son cœur magnanime
S'il l'en eust refusée eust pensé faire vn crime!
Pour vanger son honneur il perdit son amour,
Pour vanger sa maistresse il a quitté le iour,
Preferant (quelque espoir qu'eust son ame asseruie)
Son honneur à Chimene, & Chimene à sa vie.
Ainsi donc vous verrez ma mort en ce combat
Loin d'obscurcir ma gloire en rehausser l'esclat,
Et cet honneur suiura mon trespas volontaire,
Que tout autre que moy n'eust peu vous satitfaire.

CHI-

CHIMENE.

Puisque pour t'empescher de courir au trespas
Ta vie & ton honneur sont de foibles appas,
Si iamais ie t'aimay, cher Rodrigue, en reuanche
Deffends toy maintenant pour m'oster à Don Sanche
Combats pour m'affranchir d'vne condition
Qui me liure à l'obiet de mon auersion,
Te diray-je encor plus ? va, songe à ta defense,
Pour forcer mon deuoir, pour m'imposer silence,
Et si iamais l'amour eschauffa tes esprits,
Sors vainqueur d'vn côbat dont Chimene est le prix.
Adieu, ce mot lasché me fait rougir de honte.

D. RODRIGVE. seul.

Est-il quelque ennemy qu'à present ie ne dompte ?
Paroissez Nauarrois, Mores, & Castillans,
Et tout ce que l'Espagne a nourry de vaillans,
Vnissez-vous ensemble, & faites vne armée
Pour combatre vne main de la sorte animée,
Ioignez tous vos efforts contre vn espoir si doux,
Pour en venir à bout, c'est trop peu que de vous,

N

SCENE II.

L'INFANTE.

T'Escouteray-ie encor respect de ma naissance,
    Qui fais vn crime de mes feux ?
   T'escouteray-ie, Amour, dont la douce puis-
     sance
Contre ce fier tyran fait rebeller mes veux ?
    Pauure Princesse, auquel des deux
    Dois-tu prester obeissance ?
Rodrigue, ta valeur te rend digne de moy,
Mais pour estre vaillant tu nes pas fils de Roy.

Impitoyable sort, dont la rigueur separe
      Ma gloire d'auec mes desirs.
Est-il dit que le choix d'vne vertu si rare
Couste à ma passion de si grands desplaisirs ?
    O Cieux ! à combien de soupirs
    Faut-il que mon cœur se prepare,
S'il ne peut obtenir dessus mon sentiment,
Ny d'esteindre l'amour, ny d'accepter l'amant ?

Mais ma honte m'abuse, & ma raison s'estonne
     Du mespris d'vn si digne choix :
Bien qu'aux Monarques seuls ma naissance me dône
Rodrigue auec honneur ie viuray sous tes loix,

Apres auoir vaincu deux Rois
Pourrois-tu manquer de couronne?
Et ce grand nom de Cid que tu viens de gaigner
Marque t'il pas desia sur qui tu dois regner?

Il est digne de moy, mais il est à Chimene,
Le don que i'en ay fait me nuit,
Entre eux vn pere mort seme si peu de haine
Que le deuoir du sang à regret le poursuit.
Ainsi n'esperons aucun fruit
De son crime, ny de ma peine,
Puisque pour me punir le destin à permis
Que l'amour dure mesme entre deux ennemis.

SCENE III.

L'INFANTE, LEONOR,
L'INFANTE.

OV viens-tu Leonor?
LEONOR.
Vous tesmoigner, Madame,
L'aise que ie ressens du repos de vostre ame.
L'INFANTE.
D'où viendroit ce repos dans vn comble d'ennuy?
LEONOR.
Si l'amour vit d'espoir, & s'il meurt auec luy,
Rodrigue ne peut plus charmer vostre courage,

N ij

Vous sçauez le combat ou Chimene l'engage,
Puis qu'il faut qu'il y meure, ou qu'il soit son mary,
Vostre esperance est morte, & vostre esprit guery.

L'INFANTE.

O, qu'il s'en faut encor!

LEONOR.

       Que pouuez vous pretendre?

L'INFANTE.

Mais plustost quel espoir me pourrois-tu defendre?
Si Rodrigue combat sous ces conditions,
Pour en rompre l'effet i'ay trop d'inuentions,
L'amour, ce doux autheur de mes cruels supplices,
Aux esprits des amants apprend trop d'artifices.

LEONOR.

Pourrez vous quelque chose apres qu'vn pere mort
N'a peu dans leurs esprits allumer de discord?
Car Chimene aisément monstre par sa conduite
Que la haine auiourd'huy ne fait pas sa poursuite.
Elle obtient vn combat, & pour son combatant,
C'est le premier offert qu'elle accepte à l'instant:
Ell ne choisit point de ces mains genereuses
Que tant d'exploits fameux rendent si glorieuses,
Don Sanche luy suffit, c'est la premiere fois
Que ce ieune Seigneur endosse le harnois.
Elle aime en ce duel son peu d'experience,
Comme il est sans renom, elle est sans defiance,

Vn tel choix, & si prompt vous doit bien faire voir
Qu'elle cherche vn combat qui force son deuoir,
Et liurant à Rodrigue vne victoire aisée,
Puisse l'authoriser à paroistre appaisée.

L'INFANTE.

Ie le remarque assez, & toutefois mon cœur
A l'enuy de Chimene adore ce vainqueur.
A quoy me resoudray-je, amante infortunée?

LEONOR.

A vous ressouuenir de qui vous estes née,
Le Ciel vous doit vn Roy, vous aimez vn suiet.

L'INFANTE.

Mon inclination a bien changé d'obiet.
Ie n'aime plus Rodrigue, vn simple Gentilhomme,
Vne ardeur bien plus digne à present me consomme;
Si i'aime, c'est l'autheur de tant de beaux exploits,
C'est le valeureux Cid, le maistre de deux Rois.
Ie me vaincray pourtant, non de peur d'aucun blâsme,
Mais pour ne troubler pas vne si belle flame,
Et quand pour m'obliger on l'auroit couronné,
Ie ne veux point reprendre vn bien que i'ay donné.
Puisqu'en vn tel combat sa victoire est certaine
Allons encor vn coup le donner à Chimene,
Et toy qui vois les traits dont mon cœur est percé,
Vien me voir acheuer comme i'ay commencé.

SCENE IV.

CHIMENE, ELVIRE,

CHIMENE.

 Luire, que ie souffre,& que ie suis à plaindre
Je ne sçay qu'esperer,& ie vois tout à crain-
                              dre,
Aucun vœu ne m'échape où i'ose consentir,
Et mes plus doux souhaits sont plains d'vn repentir.
A deux riuaux pour moy ie fais prendre les armes,
Le plus heureux succez me coustera des larmes,
Et quoy qu'en ma faueur en ordonne le sort,
Mon pere est sans vangeance, ou mon amant est mort.

ELVIRE.

D'vn & d'autre costé ie vous voy soulagée,
Ou vous auez Rodrigue, ou vous estes vangée,
Et quoy que le destin puisse ordonner de vous,
Il soustient vostre gloire, & vous donne vn espoux.

CHIMENE.

Quoy? l'obiét de ma haine, ou bien de ma colere?
L'assassin de Rodrigue, ou celuy de mon pere?
De tous les deux costez on me donne vn mary
Encor tout teint du sang que i'ay le plus chery.

De tous les deux coſtez mon ame ſe rebelle,
Je crains plus que la mort la fin de ma querelle;
Allez vangeance, amour, qui troublez mes eſprits,
Vous n'auez point pour moy de douceurs à ce prix.
Et toy puiſſant moteur du deſtin qui m'outrage,
Termine ce combat ſans aucun aduantage,
Sans faire aucun des deux, ny vaincu, ny vainqueur.

ELVIRE.

Ce ſeroit vous traicter auec trop de rigueur.
Ce combat pour voſtre ame eſt vn nouueau ſupplice,
S'il vous laiſſe obligée à demander iuſtice,
A témoigner touſiours ce haut reſſentiment,
Et pourſuiure touſiours la mort de voſtre amant.
Non, non, il vaut bien mieux que ſa rare vaillance
Luy gaignant vn laurier vous impoſe ſilence,
Que la loy du combat eſtouffe vos ſoupirs,
Et que le Roy vous force à ſuiure vos deſirs.

CHIMENE.

Quand il ſera vainqueur crois-tu que ie me rende?
Mon deuoir eſt trop fort & ma perte trop grande,
Et ce n'eſt pas aſſez pour leur faire la loy
Que celle du combat & le vouloir du Roy.
Il peut vaincre Don Sanche auec fort peu de péine,
Mais non pas auec luy la gloire de Chimene,
Et quoy qu'à ſa victoire vn Monarque ait promis,
Mon honneur luy fera mille autres ennemis.

ELVIRE.

Gardez, pour vous punir de cet orgueil estrange,
Que le Ciel à la fin ne souffre qu'on vous vange.
Quoy? vous voulez encor refuser le bon-heur
De pouuoir maintenant vous taire auec honneur?
Que pretend ce deuoir? & qu'est-ce qu'il espere?
La mort de vostre amant vous rendra-t'elle vn pere?
Est-ce trop peu pour vous que d'vn coup de mal-heur?
Faut-il perte sur perte, & douleur sur douleur?
Allez, dans le caprice où vostre humeur s'obstine,
Vous ne meritez pas l'amant qu'on vous destine,
Et le Ciel ennuyé de vous estre si doux
Vous lairra par sa mort Don Sanche pour espoux.

CHIMENE.

Eluire, c'est assez des peines que i'endure,
Ne les redouble point par ce funeste augure,
Ie veux, si ie le puis, les euiter tous deux,
Sinon, en ce combat Rodrigue a tous mes vœux:
Non qu'vne folle ardeur de son costé me panche,
Mais s'il estoit vaincu, ie serois à Don Sanche,
Cette apprehension fait naistre mon souhait,
Que voy-ie, mal-heureuse? Eluire, c'en est fait.

SCE-

SCENE V.

D. SANCHE, CHIMENE, ELVIRE.

D. SANCHE.

Adame, à vos genoux i'apporte cette
espée.

CHIMENE.

Quoy? du sang de Rodrigue encor toute trempée
Perfide, oses-tu bien te monstrer à mes yeux,
Apres m'auoir osté ce que i'aimois le mieux?
Esclate mon amour, tu n'as plus rien à craindre,
Mon pere est satisfait, cesse de te contraindre,
Vn mesme coup a mis ma gloire en seureté,
Mon ame au desespoir, ma flame en liberté.

D. SANCHE.

D'vn esprit plus rassis

CHIMENE.

Tu me parles encore?
Execrable assassin d'vn Heros que i'adore?
Va, tu l'as pris en traistre, vn guerrier si vailla...
N'eust iamais succombé sous vn tel assaillant.

O

ELVIRE.

Mais, Madame, escoutez.

CHIMENE.

Que veux-tu que i'escoute?
'Apres ce que ie voy puisie estre encor en doute?
I'obtiens pour mon mal-heur ce que i'ay demandé,
Et ma iuste poursuite a trop bien succedé.
Pardonne, cher amant, à sa rigueur sanglante,
Songe que ie suis fille aussi bien comme amante,
Si i'ay vangé mon pere aux despens de ton sang,
Du mien pour te vanger i'espuiseray mon flanc,
Mon ame desormais n'a rien qui la retienne,
Elle ira reseuoir ce pardon de la tienne.
Et toy qui me prétends acquerir par sa mort,
Ministre desloyal de mon rigoureux sort,
N'espere rien de moy, tu ne m'as point seruie,
En croyant me vanger tu m'as osté la vie.

D. SANCHE.

Estrange impression, qui loing de m'escouter

CHIMENE.

Veux-tu que de sa mort ie t'escoute vanter?
Que i'entende à loisir auec quelle insolence
Tu peindras son mal-heur, mon crime, & ta vaillāce,
Qu'à tes yeux ce recit tranche mes tristes iours?
　　　na, ie mourray bien sans ce cruel secours,
　　　　onne mon ame au mal qui la possede,
　　　　w vanger mon amant ie ne veux point qu'on
　　　m'aide.

SCENE VI.

LEROY, D. DIEGVE, D. ARIAS, D. SANCHE, D. ALONSE, CHIMENE, ELVIRE.

CHIMENE.

SIRE, *il n'est plus besoin de vous dißimuler*
Ce que tous mes efforts ne vous ont peu celer.
J'aimois, vous l'auez sçeu, mais pour vanger vn pere
l'ay bien voulu prescrire vne teste si chere :
Vostre Maiesté Sire, elle mesme a peu voir
Comme i'ay fait ceder mon amour au deuoir.
Enfin Rodrigue est mort, & sa mort m'a changée
D'implacable ennemie en amante affligée,
l'ay deu cette vangeance à qui ma mise au iour,
Et ie dois maintenant ces pleurs à mon amour.
Don Sanche m'a perduë en prenant ma defense,
Et du bras qui me perd ie suis la recompense,
Sire, si la pitié peut esmouuoir vn Roy,
De grace reuoquez vne si dure loy;
Pour prix d'vne victoire ou ie perds ce que i'aime,
Ie luy laisse mon bien, qu'il me laisse à moy-meme;

O ij

Qu'en vn Cloiſtre ſacré ie pleure inceſſamment
Iuſqu'au dernier ſoupir mon pere , & mon amant,

D. DIEGVE.

En fin , elle aime , Sire , & ne croit plus vn crime,
D'aduoüer par ſa bouche vn amour legitime.
LE ROY.
Chimene , ſors d'erreurs , ton amant n'eſt pas mort,
Et Don Sanche vaincu t'a fait vn faux raport.
D. SANCHE.
Sire , vn peu trop d'ardeur malgré moy l'a deceuë.
Ie venois du combat luy raconter l'iſſuë.
Ce genereux guerrier dont ſon cœur eſt charmé,
Ne crain rien (m'a t'il dit) quand il ma deſarmé,
Ie laiſſerois pluſtoſt la victoire incertaine
Que de reſpandre vn ſang hazardé pour Chimene ,
Mais puis que mon deuoir m'appelle aupres du Roy,
Va de noſtre combat l'entretenir pour moy ,
Offrir à ſes genoux ta vie & ton eſpée.
Sire, i'y ſuis venu , cet obiet la trompee ,
Elle m'a creu vainqueur me voyant de retour,
Et ſoudain ſa colere a trahy ſon amour,
Auec tant de tranſport , & tant d'impatience,
Que ie n'ay peu gaigner vn moment d'audience,
Pour moy , bien que vaincu , ie me repute heureux,
Et malgré l'intereſt de mon cœur amoureux,
Perdant infiniment , i'ayme encor ma defaite,
Qui fait le beau ſuccez d'vn amour ſi parfaite.

LE ROY.

Ma fille, il ne faut point rougir d'vn si beau feu,
Ny chercher les moyens d'en faire vn desaueu:
Vne louable honte en fin t'en sollicite,
Ta gloire est desgagee, & ton deuoir est quitte,
Ton pere est satisfait, & c'estoit le vanger
Que mettre tant de fois ton Rodrigue en danger.
Tu vois comme le Ciel autrement en dispose,
Ayant tant fait pour luy, fay pour toy quelque chose,
Et ne sois point rebelle à mon commandement
Qui te donne vn espoux aimé si cherement.

SCENE VII.

LE ROY, D. DIEGVE, D. ARIAS, D. RODRIGVE, D. ALONSE, D. SANCHE, L'INFANTE, CHIMENE, LEONOR, ELVIRE,

L'INFANTE.

Eche tes pleurs Chimene, & reçoy sans tri-
stesse
Ce genereux vainqueur des mains de ta
Princesse.

D. RODRIGVE.

Ne vous offensez point, Sire si deuant vous
Vn respect amoureux me iette à ses genoux,

Ie ne viens point icy demander ma conqueste;
Ie viens tout de nouueau vous apporter ma teste;
Madame mon amour n'employera point pour moy
Ny la loy du combat, ny le vouloir du Roy.
Si tout ce qui s'est fait est trop peu pour vn pere,
Dites par quels moyens il vous faut satisfaire.
Faut-il combatre encor mille & mille riuaux,
Aux deux bouts de la terre estendre mes trauaux,
Forcer moy seul vn camp, mettre en fuitte vne armee,
Des Heros fabuleux passer la renommée?
Si mon crime par là se peut enfin lauer,
I'ose tout entreprendre, & puis tout acheuer.
Mais si ce fier honneur tousiours inexorable
Ne se peut apaiser sans la mort du coupable,
N'armez plus contre moy le pouuoir des humains
Ma teste est à vos pieds, vangez vous par vos mains;
Vos mains seules ont droit de vaincre vn inuincible,
Prenez vne vangeance à tout autre impossible;
Mais du moins que ma mort suffise à me punir,
Ne me banrissez point de vostre souuenir,
Et puis que mon trespas conserue vostre gloire,
Pour vous en reuancher conseruez ma memoire,
Et dites quelquefois en songeant à mon sort,
S'il ne m'auoit aimée il ne seroit pas mort.

CHIMENE.

Releue toy, Rodrigue, Il faut l'aduoüer, Sire,
Mon amour a paru, ie ne m'en puis dédire

Rodrigue a des vertus que ie ne puis hair,
Et vous estes mon Roy, ie vous dois obeir.
Mais à quoy que desia vous m'ayez condamnée,
Sire, quelle apparence a ce triste Hymenée,
Qu'vn mesme iour commence & finisse mon dueil,
Mette en mon lict Rodrigue, & mon pere au cer-
    cueil?
C'est trop d'intelligence auec son homicide,
Vers ses Manes sacrez c'est me rendre perfide,
Et souiller mon honneur d'vn reproche eternel,
D'auor trempé mes mains dans le sang paternel.

LE ROY.

Le temps assez souuent a rendu legitime
Ce qui sembloit d'abord ne se pouuoir sans crime.
Rodrigue t'a gaignée, & tu dois estre à luy,
Mais quoy que sa valeur t'ait cōquise auiourd'huy,
Il faudroit que ie fusse ennemy de ta gloire
Pour luy donner si tost le prix de sa victoire.
Cet Hymen differé ne rompt point vne loy
Qui sans marquer de temps luy destine ta foy.
Prens vn an si tu veux pour essuyer tes larmes.
Rodrigue cependant il faut prendre les armes.
Apres auoir vaincu les Mores sur nos bords,
Renuersé leurs desseins, repoussé leurs efforts,
Va iusqu'en leur pays leur reporter la guerre,
Commander mon armée, & rauager leur terre.

Ace seul nom de de Cid ils trembleront d'effroy,
Ils t'ont nommé Seigneur, & te voudront pour Roy,
Mais parmy tes hauts faits sois luy eousiours fidelle,
Reuiens-en, s'il se peut, encor plus digne d'elle,
Et par tes grands exploits fay toy si bien priser
Qu'il luy soit glorieux à lors de t'espouser.

D. RODRIGVE.

Pour posseder Chimene, & pour vostre seruice
Que peut on m'ordonner que mon bras n'accomplisse?
Quoy qu'absent de ses yeux il me faille endurer,
Sire, ce m'est trop d'heur de pouuoir esperer.

LE ROY.

Espere en ton courage, espere en ma promesse,
Et possedant desia le cœur de ta maistresse,
Pour vaincre vn point d'honneur qui combat contre
　　toy,
Laisse faire le temps, ta vaillance, & ton Roy.

Fin du Cinquiesme & dernier Acte.

MEDEE

TRAGEDIE.

A PARIS,

Chez FRANCOIS TARGA, au
premier pillier de la grand'Salle du Palais,
deuant la Chapelle, au Soleil d'or.

M. DC. XXXIX.

AVEC PRIVILEGE DV ROY.

A

MONSIEVR

P. T. N. G.

ONSIEVR,

Ie vous donne Me-
dée toute meschante
qu'elle est, & ne vous diray rien pour sa
iustification. Ie vous la donne pour telle
que vous la voudres prendre, sans tascher
à preuenir, ou violenter vos sentiments

A ij

par vn eſtalage des preceptes de l'art qui
doiuent eſtre fort mal entendus, & fort
mal pratiqués quand ils ne nous font pas
arriuer au but que l'art ſe propoſe. Celuy
de la Poëſie Dramatique eſt de plaire, &
les regles qu'elle nous preſcrit ne ſont que
des adreſſes pour en faciliter les moyens
au Poëte, & non pas des raiſons qui puiſſent perſuader aux ſpectateurs qu'vne
choſe ſoit agreable, quand elle leur de-
plaiſt.Icy vous trouuerez le crime en ſon
char de triomphe,& peu de perſonnages
ſur la Scene dont les mœurs ne ſoient plus
mauuaiſes que bonnes ; mais la peinture
& la Poëſie ont cela de commun entre
beaucoup d'autres choſes, que l'vne fait
ſouuent de beaux portraits d'vne femme
laide, & l'autre de belles imitations d'vne
action qu'il ne faut pas imiter. Dans la
portraiture il n'eſt pas queſtion ſi vn viſage eſt beau, mais s'il reſſemble, & dans la
Poëſie il ne faut pas conſiderer ſi les

mœurs ſont vertueuſes, mais ſi elles ſont pareilles à celles de la perſonne qu'elle introduit. Auſſi nous deſcrit elle indifferemment les bonnes & les mauuaiſes actions ſans nous propoſer les dernieres pour exemple, & ſi elle nous en veut faire quelque horreur, ce n'eſt point par leur punition qu'elle n'affecte pas de nous faire voir, mais par leur laideur qu'elle s'efforce de nous repreſenter au naturel. Il n'eſt pas beſoin d'aduertir icy le public que celles de cette Tragedie ne ſont pas à imiter, elles paroiſſent aſſes à deſcouuert pour n'en faire enuie à perſonne. Ie n'examine point ſi elles ſont vrayſemblables ou non, cette difficulté qui eſt la plus delicate de la Poëſie, & peut-eſtre la moins entenduë, demanderoit vn diſcours trop long pour vne Epiſtre : il me ſuffit qu'elles ſont authoriſées ou par la verité de l'hiſtoire, ou par l'opinion commune des anciens. Elles vous ont agréé autrefois ſur le

Theatre, i'espere qu'elles vous satisferont
encore aucunement sur le papier, & demeure

MONSIEVR,

Vostre tres-humble seruiteur
CORNEILLE.

Extraict du Priuilege du Roy.

PAR grace & Priuilege duRoy, il est permis à François Targa, Marchand Libraire à Paris, d'imprimer ou faire imprimer, & exposer en vente, vn Liure intitulé *Medée Tragedie* par Mᵉ CORNEILLE : Et defences sont faites à tous Imprimeurs Libraires, & autres, d'imprimer, ny faire imprimer ledit Liure sans sa permission, ou de ceux qui auront droit de luy, & cependant le temps de sept ans à compter du jour que ledit Liure sera acheué d'imprimer pour la premiere fois, à peine aux contreuenans, de trois mil liures d'amende, confiscation des exemplaires qui se trouueront contrefaits, & de tous despens, dommages & interests, ainsi qu'il est contenu plus au long ausdites Lettres de Priuilege. Donné a Paris le vnziesme Feurier six cens trente neuf.

Par le Roy en son Conseil.

Signé, CONRART.

Acheué d'imprimer ce 16. Mars 1639.

Les Exemplaires ont esté fournis ainsi qu'il est porté par le Priuilege.

ACTEVRS.

CREON, Roy de Corinthe.

ÆGEE, Roy d'Athenes.

IASON, Mary de Medée.

POLLVX, Argonante amy de Iason.

CREVSE, Fille de Creon.

MEDEE, Femme de Iason.

CLEONE, Gouuernante de Creüse.

NERINE, Suiuante de Medée.

THEVDAS, Domeſtique de Creon.

TROVPE, Des gardes de Creon.

La SCENE, eſt à Corinthe.

MEDEE
TRAGEDIE
ACTE PREMIER.

SCENE PREMIERE.

POLLVX, IASON.

POLLVX.

QVE ie sens à la fois de surprise & de
ioye!
Se peut-il faire amy qu'icy ie vous re-
uoye,
Que Pollux dans Corinthe ait rencon-
contré Iason?

IASON.

Vous n'y pouuies venir en meilleure saison,
Et pour vous rendre encor l ame plus estonnée
Preparés vous à voir dans peu mon Hymenée.

A

. P O L L V X.

Quoy! Medée est donc morte à ce conte?

I A S O N.

Elle vit,
Mais vn obiet nouueau la chasse de mon lict.

P O L L V X.

Dieux! & que fera t'elle?

I A S O N.

Et que fit Hypsipile
Que former dans son cœur vn regret inutile,
Jetter des cris en l'air, me nommer inconstant?
Si bon semble à Medée, elle en peut faire autant,
Je la quitte à regret, mais ie n'ay point d'excuse
Contre vn pouuoir plus fort qui me donne à Creüse.

P O L L V X.

C'est donc là cét obiet qui vous tient enchaisné!
Sans l'entendre nommer ie l'auois deuiné,
Jason ne fit iamais de communes maistresses,
Il est né seulement pour charmer les Princesses,
Et ie croy qu'il tiendroit pour vn indigne employ
De blesser d'autres cœurs que de filles de Roy;
Hypsipyle à Lemnos, sur le Phase Medée,

Et Creüſe à Corinthe autant vaut poſſedée
Font bien voir qu'en tous lieux ſans lancer d'autres
  dards
Les ſceptres ſont acquis à ſes moindres regards.

IASON.

Auſſi ie ne ſuis pas de ces amants vulgaires,
I'accommode ma flame au bien de mes affaires,
Et ſous quelque climat que le ſort me iettaſt
Ie ſerois amoureux par maxime d'Eſtat.
Nous voulant à Lemnos rafraiſchir dans la ville
Qu'euſſions nous fait, Pollux, ſans l'amour d'Hy-
  pſipyle?
Et depuis à Colchos que fit voſtre Iaſon
Que caioler Medée & gaigner la Toiſon?
Alors ſans mon amour qu'eſtoit voſtre vaillance?
Euſt elle du Dragon trompé la vigilance?
Ce peuple que la terre enfantoit tout armé,
Qui de nous l'euſt deffait, ſi Iaſon n'euſt aymé?
Maintenant qu'vn exil m'interdit ma patrie
Creüſe eſt le ſuiet de mon idolatrie;
Et que pouuois-ie mieux que luy faire la Cour.
Et releuer mon ſort ſur les aiſles d'amour?

POLLVX.

Que parlés vous d'exil? la haine de Pelie....

IASON.

Me fait tout mort qu'il est fuir de sa Thessalie.

POLLVX.

Il est mort!

IASON.

Escoutez, & vous sçaures comment
Son trespas seul me force à cet esloignement.
Apres six ans passez, depuis nostre voyage
Dans les plus grāds plaisirs qu'on gouste au mariage,
Mon pere tout caduc esmouuant ma pitié
Ie coniuray Medée au nom de l'amitié.

POLLVX.

I'ay sçeu comme son art forçant les destinées
Luy rendit la vigueur de ses ieunes années,
Ce fut, s'il m'en souuient, icy que ie l'appris,
D'où soudain vn voyage en Asie entrepris
Fait que nos deux seiours diuisés par Neptune
Ie n'ay point sçeu depuis quelle est vostre fortune,
Ie n'en say qu'arriuer.

IASON.

Aprenez donc de moy
Le suiet qui m'oblige à luy manquer de foy.

Malgré l'auersion d'entre nos deux familles
Du vieux tyran Pelie elle gaigne les filles,
Et leur feint de ma part tant d'outrages receus,
Que ces foibles esprits sont ayſement deceus.
Elle fait amitié, leur promet des merueilles,
Du pouuoir de ſon art leur remplit les oreilles,
Et pour mieux leur monſtrer comme il eſt infiny
Leur eſtale ſur tout mon pere raieuny.
Pour eſpreuue, elle egorge vn Belier à leurs veuës,
Le plonge en vn bain d'eaux & d'herbes inconnües,
Luy forme vn nouueau ſang auec cette liqueur,
Et luy rend d'vn Agneau la taille & la vigueur.
Les ſœurs crient miracle, & chacune rauie
Conçoit pour ſon vieux pere vne pareille enuie,
Veut vn effet pareil, le demande & l'obtient,
Mais chacune à ſon but. Cependant la nuict vient,
Medée apres le coup d'vne ſi belle amorce
Prepare de l'eau pure & des herbes ſans force,
Redouble le ſommeil des gardes & du Roy,
(La ſuite au ſeul recit me fait trembler d'effroy)
A force de pitié ces filles inhumaines
De leur pere endormy vont eſpuiſer les vaines,
Et leur amour credule à grands coups de couteau
Prodigue ce vieux ſang qui fait place au nou-
    ueau.
Le coup le plus mortel ſimpute à grand ſeruice,
On nomme pieté ce cruel ſacrifice,

Et l'amour paternel qui fait agir leurs bras
Croiroit commettre vn crime à n'en commettre pas.
Medée est eloquente à leur donner courage,
Chacune toutefois tourne ailleurs son visage,
Et refusant ses yeux à conduire sa main
N'ose voir les effets de son pieux dessein.

POLLVX.

A me representer ce tragique spectacle
Qui fait vn parricide & promet vn miracle,
J'ay de l'horreur moy mesme, & ne puis conçeuoir
Qu'vn esprit iusque là se laisse deceuoir.

IASON.

Ainsi mon pere Aeson recouura sa ieunesse,
Mais oyez le surplus. Ce grand courage cesse,
L'espouuente les prend & Medée s'enfuit,
Le iour descouure a tous les crimes de la nuit,
Et pour vous espargner vn discours inutile,
Acaste nouueau Roy fait mutiner la ville,
Nomme Iason l'autheur de cette trahison,
Et pour vanger son pere assiege ma maison.
Mais i'estois desia loin aussi bien que Medée
Et ma famille enfin à Corinthe abordée,
Nous saliüons Creon, dont la benignité
Nous promet contre Acaste vn lieu de seureté.

Que vous diray-ie plus ? mon bon heur ordinaire
M'acquiert les volontes de la fille & du pere,
Si bien que de tous deux esgalement chery,
L'vn me veut pour son gendre , & l'autre pour
    mary.
D'vn riual couronné les grandeurs souueraines;
La Maiesté d'Aegée, & le sceptre d'Athenes,
N'ont rien à leur aduis de comparable à moy,
Et banny que ie suis, ie leur suis plus qu'vn Roy.
L'vn & l'autre pourtant de honte dissimule,
Et bien que pour Creüse vn pareil feu me brusle
Du deuoir coniugal ie combats mon amour,
Et ie ne l'entretiens que pour faire ma Cour.
Acaste cependant menace d'vne guerre
Qui doit perdre Creon, & despeupler sa terre,
Puis changeant tout à coup ses resolutions
Il propose la paix sous des conditions.
Il demande d'abord, & Iason, & Medée,
Ou luy refuse l'vn, & l'autre est accordée,
Ie l'empesche, on debat, & ie fais tellement
Qu'enfin il se reduit à son bannissement :
De nouueau ie l'empesche, & Creon me refuse,
Et pour m'en consoler il m'offre sa Creüse,
Qu'eussay-ie fait, Pollux, en cette extremité
Qui commettoit ma vie auec ma loyauté,
Car sans doute à quiter l'vtile pour l'honneste
La paix s'en alloit faite aux despens de ma teste,

Ce mespris insolent des offres d'vn grand Roy
Liuroit aux mains d'Acaste & ma Medée &
    moy.
Ie l'eusse fait pourtant si ie n'eusse esté pere,
L'amour de mes enfans ma fait l'ame legere,
Ma perte estoit la leur, & cet Hymen nouueau
Auec Medée & moy les tire du tombeau,
Eux seuls m'ont fait resoudre, & la paix s'est con-
    cluë.

P O L L V X.

Bien que de tous costez, l'affaire resoluë
Ne laisse aucune place aux conseils d'vn amy,
Ie ne puis toutesfois l'approuuer qu'à demy.
Sur quoy que vous fondiez vn traitement si rude,
C'est tousiours vers Medée vn peu d'ingratitude,
Ce qu'elle a fait pour vous est mal recompensé,
Il faut craindre apres tout son courage offensé,
Vous sçauez mieux que moy ce que peuuent ses
    charmes.

I A S O N.

Ce sont a sa fureur d'espouuentables armes,
Mais son bannissement nous en va garantir.

P O L L V X.

Gardez d'auoir subiet de vous en repentir.
                                    IASON.

IASON.

Quoy qu'il puisse arriuer, amy, c'est chose faite.

POLLVX.

La termine le Ciel comme ie le souhaite,
Permettez cependant qu'afin de m'acquiter
I'aille trouuer le Roy pour l'en feliciter.

IASON.

Ie vous y conduirois, mais i'attends ma Princesse
Qui va sortir du Temple.

POLLVX.

   Adieu, l'amour vous presse,
Et ie serois marry qu'vn soing officieux
Vous fist perdre pour moy des temps si precieux.

IASON seul.

Depuis que mon esprit est capable de flame
Iamais vn trouble esgal ne confondit mon ame.
Mon cœur qui se partage en deux affections
Se laisse deschirer à mille passions.
Ie doibs tout à Medée, & ie ne puis sans honte
Et d'elle & de ma foy tenir si peu de conte:
Ie doibs tout a Creon, & d'vn si puissant Roy
I'en fais vn ennemy si ie garde ma foy.

I'ay regret à Medée, & i'adore Créuse,
Ie voy mon crime en l'vne, en l'autre mon excuse,
Et deſſus mon regret mes deſirs triomphants
Ont encor le ſecours du ſoin de mes enfans.
Mais la voicy qui vient, l'eſclat d'vn tel viſage
Du plus conſtant du monde attireroit l'hommage,
Et ſemble reprocher a ma fidelitè
D'auoir oſé tenir contre tant de beauté.

SCENE II.

IASON, CREVSE.

IASON.

Ve vos deuotions d'vne longue ſouf-
      france
Geſnent vn pauure amant qui meurt
en voſtre abſence!

CREVSE.

Ie n'auois pourtant rien à demander aux Dieux,
Ayant Iaſon à moy, i'ay tout ce que ie veux.

IASON.

Et moy puis-ie esperer l'effet d'vne priere,
Que ma flame tiendroit à faueur singuliere,
Au nom de nostre amour sauués deux ieunes fruits,
Que d'vn premier Hymen la couche ma produits,
Employés vous pour eux, faites enuers vn pere
Qu'ils ne soient point compris en l'exil de leur mere,
C'est luy seul qui bannit ces petits malheureux,
Puis que dans les traités il n'est point parlé d'eux.

CREVSE.

I'auois desia pitié de leur tendre innocence,
Et vous y seruiray de toute ma puissance,
Pourueu qu'à vostre tour vous m'acordiés vn point
Que iusques à tantost ie ne vous diray point.

IASON.

Dites, & quel qu'il soit, que ma Reine en dispose.

CREVSE.

Si ie puis sur mon pere obtenir quelque chose
Vous le sçaurés apres, ie ne veux rien pour rien.

CLEONE.

Vous pourrés au Palais suiure cet entretien,

On ouure chez, *Medee*, oftez, vous de fa veuë,
Vos prefences rendroient fa douleur plus efmeuë,
Et vous feriez, marris que cét efprit ialoux
Meflaft fon amertume à des plaifirs fi doux.

SCENE III.
MEDEE.

SOuuerains protecteurs des loix de l'Hy-
    menée,
    Dieux, garands de la foy que Iafon m'a
donnée,
Vous qu'il prift à tefmoins d'vne immortelle ardeur,
Quand par vn faux fermët il vainquit ma pudeur,
Voyés de quel mefpris vous traitte fon pariure,
Et m'aydés à vanger cette commune iniure;
S'il me peut auiourd'huy chaffer impunément,
Vous eftes fans pouuoir, ou fans reffentiment.
Et vous, troupe fçauante en mille barbaries,
Filles de l'Acheron, Peftes, Larues, Furies,
Noires Sœurs, fi iamais noftre commerce eftroit
Sur vous & vos ferpents me donna quelque droit,
Sortés de vos cachots auec les mefmes flames

Et les mesmes taurmens dont vous gesnés les ames.
Laissez les quelque temps reposer dans leurs fers,
Pour mieux agir pour moy faites trefue aux Enfers,
Et m'apportés du fonds des antres de Megere
La mort de ma riuale & celle de son pere,
Et si vous ne voulez mal seruir mon couroux
Quelque chose de pis pour mon perfide espoux.
Qu'il coure vagabond de Prouince en Prouince,
Qu'il face laschement la Cour a chaque Prince;
Banny de tous costez, sans biens, & sans appuy
Accablé de frayeur, de misere, d'ennuy,
Qu'à ses plus grands malheurs aucun ne compa-
tisse,
Qu'il ait regret a moy pour son dernier supplice,
Et que mon souuenir iusques dans le tombeau
Attache a son esprit vn eternel bourreau.
Iason me repudie! & qui l'auroit peu croire?
S'il a manque d'amour manque t'il de memoire?
Me peut-il bien quitter apres tant de bien-faits?
M'ose t'il bien quitter apres tant de forfaits?
Sçachans ce que ie pais, ayant veu ce que i'ose,
Croit-il que m'offencer ce soit si peu de chose?
Quoy? mon pere trahy, les elements forcés,
D'vn frere dans la mer les membres dispersés,
Luy font-il presumer mon audace espuisée?
Luy font-il presumer que ma puissance vsée,
Ma rage contre luy n'ait par ou s'assouuir,

Et que tout mon pouuoir se borne à le seruir?
Tu t'abuses Iason, ie suis encor moy mesme,
Tout ce qu'en ta faueur fit mon amour extreme
Ie le feray par haine, & ie veux pour le moins
Qu'vn forfait nous separe ainsi qu'il nous a ioints;
Que mon sanglant diuorce en meurtres, en carnage,
S'esgale aux premiers iours de nostre mariage,
Et que nostre vnion que rompt ton changement
Trouue vne fin pareille a son commencement.
Deschirer par morceaux l'enfant aux yeux du pere,
N'est que le moindre effet qui suiura ma cholere.
Des crimes si legers furent mes coups d'essay,
Il faut bien autrement monstrer ce que ie sçay,
Il faut faire vn chef-d'œuure, & qu'vn dernier
　　ouurage
Surpasse de bien loing ce foible apprentissage.
Mais pour executer tout ce que i'entreprends
Quels Dieux me fourniront des secours assez grāds?
Ce n'est plus vous, Enfers, qu'icy ie sollicite,
Vos feux sont impuissants pour ce que ie medite.
Autheur de ma naissance, aussi bien que du iour
Qu'à regret tu departs à ce fatal seiour,
Soleil, qui vois l'affront qu'on va faire a ta race
Donne moy tes cheuaux a conduire en ta place,
Accorde cette grace à mon desir bouillant,
Ie veux choir sur Corinthe auec ton char bruslant.

Mais ne crains pas de cheute à l'vniuers funeste,
Corinthe consommée affranchira le reste,
Mon erreur volontaire aiustée a mes veux
Arrestera sur elle vn deluge de feux,
Creon en est le Prince, & prend Iason pour gendre,
Il faut l'enseuelir dessous sa propre cendre,
Et brusler son pays, si bien qu'à l'aduenir
L'Isthme n'empesche plus les deux mers de s'vnir.

SCENE IV.

MEDEE, NERINE.

MEDEE.

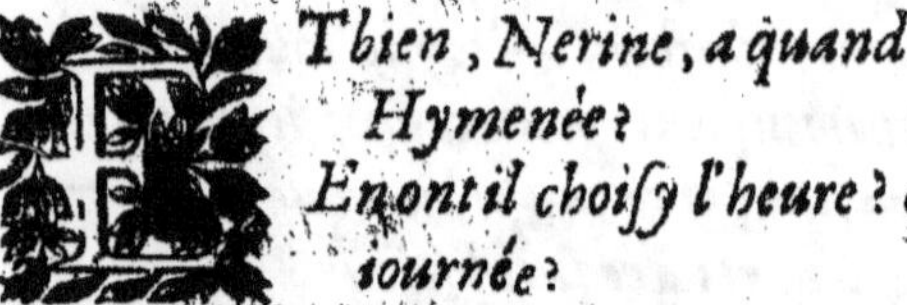

Th bien, Nerine, a quand, à quand cet
    Hymenée?
En ont il choisy l'heure? en sçais tu la
    iournée?
N'en as tu rien appris? n'as tu point veu Iason?
N'apprehende t'il rien apres sa trahison?
Croit-il qu'en cet affront ie m'amuse a me plaindre?
S'il cesse de m'aymer, qu'il commence a me craindre,
Il verra, le perfide, a quel comble d'horreur
De mes ressentimens peut monter la fureur.

NERINE.

Moderez les boüillons de cette violence,
Et laissez desguiser vos douleurs au silence,
Quoy, Madame? est-ce ainsi qu'il faut dissimuler
Et faut il perdre ainsi des menaces en l'air?
Les plus ardents transports d'vne haine cognuë
Ne sont qu'autant desclairs auortés dans la nuë,
Qu'autant d'aduis à ceux que vous voulez punir
Pour repousser vos coups, ou pour les preuenir.
Qui sçait sans s'emouuoir supporter vne offence,
Peut mieux prendre a son point le temps de sa van-
      geance,
Et sa feinte douceur soubs vn appas mortel,
Mene insensiblement sa victime à l'autel.

MEDEE.

Tu veux que ie me taise, & que ie dissimule,
Nerine, porte ailleurs ce conseil redicule,
L'ame en est incapable en de moindres malheurs,
Et n'a point ou cacher de si grandes douleurs.
Jason m'a fait trahir mon pays & mon pere,
Et me laisse au milieu d'vne terre estrangere,
Sans support, sans amis, sans retraite, sans bien,
La fable de son peuple, & la haine du mien,
Nerine, après cela, tu veux que ie me taise!
Ne dois-ie point encor en tesmoigner de l'aise,

De

De ce Royal Hymen souhaiter l'heureux iour,
Et m'offrir pour seruante a son nouuel amour?

NERINE.

Madame, penses mieux à l'esclat que vous faites,
Quelque iuste qu'il soit, regardez ou vous estes,
Et songez qu'a grand peine vn esprit plus remis
Vous tient en seureté parmy vos ennemis.

MEDEE.

L'ame doibt se roidir plus elle est menacée,
Et contre la fortune aller teste baissée,
Lachaquer hardiment, & sans craindre la mort
Se presenter de front a son plus rude effort,
Cette lasche ennemie a peur des grands courages,
Et sur ceux qu'elle abat redouble ses outrages.

NERINE.

Que sert ce grand courage ou l'on est sans pouuoir?

MEDEE.

Il trouue tousiours lieu de se faire valoir.

NERINE.

Forcés l'auuglement dont vous estes seduite
Pour voir en quel estat le sort vous a reduite,

C

MEDEE

Voſtre pays vous hait, voſtre eſpoux eſt ſans foy,
Dans vn ſi grand reuers que vous reſte t'il?

MEDEE.

Moy,

Moy diſie, & c'eſt aſſez.

NERINE.

Quoy? vous ſeule, Madame!

MEDEE,

Ouy tu vois en moy ſeule, & le fer, & la flame,
Et la terre, & la mer, & l'Enfer, & les Cieux,
Et le ſceptre des Rois, & le foudre des Dieux.

NERINE.

L'impetueuſe ardeur d'vn courage ſenſible
A vos reſſentiments figure tout poſſible,
Mais il faut craindre vn Roy fort de tant de ſujets.

MEDEE.

Mon pere qui l'eſtoit rompit-il mes proiets?

NERINE.

Non, mais il fut ſurpris, & Creon ſe deffie.
Fuyés, qu'à ſes ſoupçons il ne vous ſacrifie.

MEDEE.

Las ie n'ay que trop fuy, cette infidelité,
D'vn iuste chastiment punit ma lascheté:
Si ie n'euſſe point fuy pour la mort de Pelie,
Si i'euſſe tenu bon dedans la Theſſalie,
Il n'euſt point veu Creüſe, & cet obiet nouueau
N'euſt point de nos amours estouffé le flambeau.

NERINE.

Fuyez encor de grace.

MEDEE.

                    Ouy, ie fuyray Nerine,
Mais auant de Creon on verra la ruine.
Je braue la fortune, & toute ſa rigueur.
En m'oſtant vn mary ne m'oſte pas le cœur,
Sois ſeulement fidelle, & ſans te mettre en peine
Laiſſe agir pleinement mon ſçauoir, & ma haine.

NERINE.

Madame. Elle s'enfuit au lieu de m'écouter,
Ces violens tranſports la vont precipiter,
Elle court a ſa perte, & ſa brutale enuie
Luy fait abandonner le ſoucy de ſa vie,
Taſchons encor vn coup d'en diuertir le cours,
Appaiſer ſa fureur c'eſt conſeruer ſes iours.

                    C ij

ACTE II.

SCENE PREMIERE.

MEDEE, NERINE.

NERINE.

Ien qu'vn peril certain suiue vostre entreprise,
Asseurez vous sur moy, ie vous suis toute acquise,
Employez mon seruice aux flames, au poison,
Je ne refuse rien, mais espargnez Jason,
Vostre aueugle vangeance vne fois assouuie
Le regret de sa mort vous cousteroit la vie,
Et les coups violens d'vn rigoureux ennuy.

MEDEE.

Cesse de m'en parler, & ne crain rien pour luy,
Ma fureur iusque là n'oseroit me seduire,
Iason m'a trop cousté pour le vouloir destruire,

Mon couroux luy fait grace, & tout leger qu'il est,
Nostre premiere ardeur soustient son interest:
Ie croy qu'il m'ayme encore & qu'il nourrit en l'ame
Quelques restes secrets d'une si belle flame,
Il ne fait qu'obeïr aux volontez d'vn Roy
Qui l'arrache a Medée en despit de sa foy,
Qu'il viue, & s'il se peut que l'ingrat me de-
    meure,
Sinon, ce m'est assez que sa Creüse meure:
Qu'il viue cependant, & iouysse du iour
Que luy conserue encor mon immuable amour.
Creon seul, & sa fille ont fait la perfidie,
Eux seuls termineront toute la Tragedie,
Leur perte acheuera cette fatale paix.

NERINE.

Contenés vous Madame, il sort de son Palais.

SCENE II.

CREON, MEDEE, NERINE,
Soldats.

CREON.

Voy: ie te vois encor! auec quelle im-
　　pudence
Peux-tu sans t'effrayer souftenir ma
　　prefence?
Ignores-tu l'arreft de ton banniffement?
Fais-tu fi peu de cas de mon commandement?
Voyez comme elle fenfle & d'orgueil & d'audace,
Ses yeux ne font que feu, fes regards que menace.
Gardés, empefchez la de s'approcher de moy.
Va, purge mes Eftats d'vn tel monftre que toy,
Deliure mes fuiets, & moy mefme de crainte.

MEDEE.

De quoy m'accufe-t'on? quel crime, quelle plainte
Vous porte à me chaffer auecque tant d'ardeur?

CREON.

Ah l'innocence mesme, & la mesme candeur!
Medee est vn miroir de vertu signalée,
Quelle inhumanité de l'auoir exilée!
Barbare as tu si tost oublie tant d'horreurs?
Repasse tes forfaits auecque tes erreurs,
Et de tant de pays nomme quelque contrée
Dont tes meschancetez, te promettent l'entrée.
Toute la Thessalie en armes te poursuit,
Ton pere te deteste, & l'vniuers te fuit.
Me doisie en ta faueur charger de tant de haines,
Et sur mon peuple & moy faire tomber tes peines?
Va pratiquer ailleurs tes noires actions,
I'ay rachepté la paix à ces conditions.

MEDEE.

Lasche paix, qu'entre vous sans m'auoir escoutée
Pour m'arracher mon bien vous auez complotée,
Paix, dont le d'eshonneur nous demeure eternel.
Quiconque sans l'ouyr condamne vn criminel,
Bien qu'il eust mille fois merité son supplice,
D'vn iuste chastiment il fait vne iniustice.

CREON.

Au regard de Pelie, il fut bien mieux traité;
Auant que l'egorger tu l'auois escouté?

MEDEE.

Escouta-t'il Iason quand sa haine couuerte
L'enuoya sur nos bords se liurer à sa perte,
Car comment voulez vous que ie nomme vn dessein
Au dessus de sa force & du pouuoir humain ?
Apprenez quelle estoit cette illustre conqueste,
Et de combien de morts i'ay garanty sa teste.
Il falloit mettre au ioug deux Taureaux furieux,
Des tourbillons de feu s'eslançoient de leurs yeux,
Et leur maistre Vulcain poussoit par leur haleine
Vn long embrazement dessus toute la pleine,
Eux domptez, on entroit en de nouueaux hazards,
Il falloit labourer les tristes champs de Mars,
Et des dents d'vn serpent ensemencer leur terre
Dont la sterilité fertile pour la guerre
Produisoit a l'instant des escadrons armés
Contre le laboureur qui les auoit semés,
Mais quoy qu'eust fait contre eux vne valeur par-
  faite
La toison n'estoit pas au bout de leur deffaite:
Vn Dragon enyuré des plus mortels poisons
Qu'enfantent les pechez de toutes les saisons,
Vomissant mille traits de sa gueule enflammée,
La gardoit beaucoup mieux que toute cette armée.
Iamais Estoile, Lune, Aurore, ny Soleil
Ne virent abaisser sa paupiere au sommeil.

Ie l'ay

Ie l'ay seule assoupy, seule i'ay par mes charmes
Mis au ioug les Taureaux, & deffait les Gensdar-
    mes.
Si lors à mes deuoirs mon desir limité
Eust conserué ma honte & ma fidelité,
Si i'eusse eu de l'horreur de tant d'enormes fautes,
Que deuenoit Iason & tous vos Argonantes?
Sans moy ce vaillant chef que vous m'auez rauy
Fust pery le premier & tous l'auroient suiuy.
Ie ne me repents point d'auoir par mon adresse
Sauué le sang des Dieux, & la fleur de la Gréce,
Zethez, & Calaïs, & Pollux, & Castor,
Et le charmant Orphée, & le sage Nestor,
Tous vos Heros enfin tiennent de moy la vie,
Ie vous les verray tous posseder sans enuie,
Je vous les ay sauués, ie vous les cede tous,
Ie n'en veux qu'vn pour moy, n'en soyez point ia-
    lóux,
Pour de si bons effets laissez moy l'infidelle,
Il est mon crime seul si ie suis criminelle,
Aymer cet inconstant c'est tout ce que i'ay fait.
Si vous me punissez, rendez moy mon forfait,
Est-ce vser comme il faut d'vn pouuoir legitime
De me faire coupable & iouyr de mon crime?

CREON.

Va te plaindre à Colchos.

MEDEE.

Le retour my plaira,
Que Iason m'y remette ainsi qu'il m'en tira,
Ie suis preste à partir sous la mesme conduite
Qui de ces lieux aymez precipita ma fuite.
O d'vn iniuste affront les coups les plus cruels!
Vous faites difference entre deux criminels,
Vous voulez qu'on l'honore, & que de deux com-
  plices
L'vn ait vostre Couronne, & l'autre des supplices.

CREON.

Cesse de plus mesler ton interest au sien,
Ton Iason pris à part est trop homme de bien,
Le separant de toy sa deffense est facile:
Iamais il n'a trahy son pere, ny sa ville,
Iamais sang innocent n'a fait rougir ses mains,
Iamais il n'a presté sa lame à tes desseins,
Son crime, s'il en a, c'est de t'auoir pour femme,
Laisse le s'affranchir d'vne honteuse flame,
Rends luy son innocence en t'esloignant d'icy,
Emporte auecque toy son crime & mon soucy,
Tes herbes, tes poisons, ton cœur impitoyable,
Tout ce qui me fait craindre, & rend Iason coupa-
  ble.

MEDEE.

Peignés mes actions plus noires que la nuiſt,
Ie n'en ay que la honte, il en a tout le fruiſt.
C'eſt à ſon intereſt que ma ſçauante audace
Immola ſon tyran par les mains de ſa race,
Ioignés y mon pays, & mon frere, il ſuffit
Qu'aucun de tant de maux ne va qu'à ſon profit.
Mais vous les ſçauiés tous quand vous m'auez re-
    ceuë,
Voſtre ſimplicité n'a point eſté deceuë,
En ignoriés vous vn quand vous m'auez promis
Vn rempart aſſeuré contre mes ennemis?
Ma main ſeignoit encor du meurtre de Pelie,
Quand deſſous voſtre foy vous m'auez recueillie,
Et voſtre cœur ſenſible à la compaſſion
Malgré tous mes forfaits priſt ma protection.
Si l'on me peut depuis imputer quelque crime,
C'eſt trop peu que l'exil, ma mort eſt legitime:
Sinon, à quel propos me traitez vous ainſi?
Ie ſuis coupable ailleurs, mais innocente icy.

CREON.

Ie ne veux plus icy d'vne telle innocence,
Ny ſouffrir en ma Cour ta fatale preſence.
Va....

MEDEE.

Dieux, iustes vangeurs!

CREON.

Va, dicte, en d'autres lieux
Par tes cris importuns solliciter les Dieux.
Laisse nous tes enfans, ie serois trop seuere
Si ie les punissois des crimes de leur mere,
Et bien que ie le peusse auec iuste raison
Ma fille les demande en faueur de Iason.

MEDEE.

Barbare humanité qui m'arrache a moy mesme,
Et feint de la douceur pour m'oster ce que i'ayme!
Si Creuse & Iason ainsi l'ont ordonné,
Qu'ils me rendent le sang que ie leur ay donné.

CREON.

Ne me replique plus, suy la loy qui t'est faite,
Prepare ton depart, & pense à ta retraite,
Pour en deliberer, & choisir le quartier,
De grace ma bonté te donne vn iour entier.

MEDEE.

Qu'elle grace!

CREON.

Soldats, remettez, lachez elle,
Sa contestation se rendroit eternelle.
Quel indomptable esprit! quel arrogant maintien
Accompagnoit l'orgueil d'vn si long entretien!
A t'elle rien flechy de son humeur altiere?
A t'elle peu descendre à la moindre priere?
Et le sacré respect de ma condition
En a t'il arraché quelque soubmission?

SCENE III.

CREON, IASON, CREVSE, CLEONE, Soldats,

CREON.

E voila sans riuale, & mon pays sans
    guerre,
Ma fille, c'est demain qu'elle sort de ma
    terre.
Nous n'auons desormais que craindre de sa part,

D iij

Acaste est satisfait d'vn si proche depart,
Et si tu peux calmer le courage d'Ægée
Qui voit par noſtre choix son ardeur negligée,
Fais eſtat que demain nous asseure à iamais,
Et dedans & dehors vne profonde paix.

CREVSE.

Ie ne croy pas, Monſieur, que ce vieux Roy d'A-
thenes
Voyant aux mains d'autruy le fruit de tant de pei-
nes,
Meſle tant de foibleſſe à son reſſentiment,
Que ſes premiers boüillons s'appaiſent aiſement.
I'eſpere toutefois qu'auec vn peu d'adreſſe
Ie pourray le reſoudre a perdre vne maiſtreſſe,
Dont l'aage peu ſortable, & l'inclination
Reſpondoient aſſez mal à son affection.

IASON.

Il doibt vous teſmoigner par son obeiſſance
Combien ſur son eſprit vous auez de puiſſance,
Et ſi dans ſa colere il demeuroit entier,
Ma Princeſſe, en tout cas nous ſommes du meſtier,
Et nos preparatifs contre la Theſſalie
Ne ſont que trop baſtans à ranger ſa folie.

CREON.

Nous n'en viendrons pas là, regarde seulement
A le payer d'estime & de remerciment.
Ie voudrois pour tout autre vn peu de raillerie,
Vn vieillard amoureux merite qu'on en rie :
Mais on ne traite point les Roys auec mespris,
On leur doibt du respect quoy qu'ils ayent entrepris.
Remets, si tu le veux, sur moy toute l'affaire
Quelques raisons d'Estat le pourront satisfaire,
Et pour m'y preparer plus de facilité
Sur tout ne le reçoy qu'auec ciuilité.

SCENE IV.

IASON, CREVSE, CLEONE.

IASON.

Ve ne vous doisie point pour cette pre-
  ference
Ou mes desirs n'osoient porter mon espe-
  rance ?
C'est bien me tesmoigner vn amour infiny
De mespriser vn Roy pour vn pauure banny.

MEDEE

A toutes ses grandeurs preferer ma misere:
Tourner en ma faueur les volontez d'vn pere:
Garantir mes enfans d'vn exil rigoureux!

CREVSE.

Qu'à peu faire de moindre vn courage amoureux:
La fortune a monstré dedans voſtre naiſſance
Vn trait de ſon enuie, ou de ſon impuiſſance,
Elle deuoit vn ſceptre au ſang dont vous nayſſez,
Et ſans luy vos vertus le meritoient aſſez.
L'amour qui n'a peu voir vne telle iniuſtice
Supplée à ſon defaut, ou punit ſa malice,
Et vous donne au plus fort de vos aduerſitez
Le ſceptre que i'attends, & que vous meritez.
La gloire m'en demeure, & les races futures
Contant noſtre Hymenée entre vos aduantures,
Vanteront à iamais mon amour genereux,
Qui d'vn ſi grand Heros rompt le ſort malheureux.
Apres tout cependant riés de ma foibleſſe,
Preſte de poſſeder le Phenix de la Grece,
La fleur de nos guerriers, le ſang de tant de Dieux,
La robbe de Medée a donné dans mes yeux,
Mon caprice à ſon luſtre attachant mon enuie
Sans elle trouue à dire au bonheur de ma vie,
C'eſt ce qu'ont pretendu mes deſſeins releuez
Pour le prix des enfans que ie vous ay ſauuez.

IASON

IASON.

Que ce prix est leger pour vn si bon office!
Il y faut toutefois employer l'artifice,
Ma ialouse en fureur n'est pas femme à souffrir
Qu'on la prenne en ses mains afin de vous l'offrir,
Des tresors dont son pere espuise la Scythie
C'est tout ce qu'elle à pris quand elle en est sortie.

CREVSE.

Qu'elle a fait vn beau choix : iamais esclat pareil
Ne sema dans la nuit les clartés du Soleil ;
Les perles auec l'or confusement meslées,
Mille pierres de prix sur ses bords estalées
D'vn meslange diuin esblouissent les yeux,
Jamais rien d'approchant ne se fit en ses lieux ;
Pour moy tout aussy tost que ie l'en vis parée
Ie ne fis plus d'estat de la toison dorée,
Et deußiez vous vous mesme en estre vn peu ia-
*   loux,*
I'en eus presques enuie aussi tost que de vous.
Pour appaiser Medée & reparer sa perte,
L'espargne de mon pere entierement ouuerte
Luy met à l'abandon tous les tresors du Roy,
Pourueu que cette robbe, & Iason soient à moy.

                                        E

IASON.

N'en doutés point ma Reine, elle vous est acquise
Ie vay chercher Nerine, & par son entremise
Obtenir de Medée auec dexterité
Ce que refuseroit son courage irrité.
Pour elle, vous sçauez que ie fuy ses aproches,
Je ne m'expose point à ses vaines reproches,
Et ie me cognois mal, ou dans nostre entretien
Son couroux s'allumant allumeroit le mien.
Ie n'ay point vn esprit complaisant à sa rage
Iusques à supporter sans replique vn outrage,
Or iugez à quel point iroient mes desplaisirs
De reculer par là l'effet de vos desirs.
Mais sans plus de discours d'vne maison voisine
Ie vay prendre le temps que sortira Nerine,
Souffrez pour auancer vostre contentement
Que malgré nostre amour ie vous quitte vn moment.

CLEONE.

Madame, i'apperçoy venir le Roy d'Athenes.

CREVSE.

Allez donc, vostre veuë augmenteroit ses peines.

CLEONE.

Souuenez vous de l'air dont il le faut traiter.

CREVSE.

Ma bouche accortement sçaura s'en acquiter.

SCENE V.

ÆGEE, CREVSE, CLEONE.

ÆGEE.

Vr vn bruit qui m'estonne & que ie ne
    puis croire
Madame, mon amour ialoux de vo-
    stre gloire
Vient sçauoir s'il est vray que vous soyez d'accord
Par ce honteux Hymen de l'arrest de ma mort.
Vostre peuple en fremit, Vostre Cour en murmure,
Et tout Corinthe enfin s'impute à grande iniure,
Qu'vn fugitif, vn traistre, vn meurtrier de Rois,
Luy donne à l'auenir des Princes & des loix.
Il ne peut endurer que l'horreur de la Grece
Pour prix de ses forfaits espouse sa Princesse,
Et qu'il faille adiouster à vos tiltres d'honneur,
Femme d'vn assassin, & d'vn empoisonneur.

E ij

CREVSE.

Laiſſez agir, grand Roy, la raiſon ſur voſtre ame,
Et ne le chargez point des crimes de ſa femme.
I'eſpouſe vn malheureux, & mon pere y conſent,
Mais Prince, mais vaillant, & ſur tout innocent.
Non pas que ie ne ſaille en cette preference,
De voſtre rang au ſien ie ſçay la difference,
Mais ſi vous cognoiſſez l'amour, & ſes ardeurs,
Iamais pour ſon obiet il ne prend les grandeurs,
Aduouez que ſon feu n'en veut qu'à la perſonne,
Et qu'en moy vous n'aymiez rien moins que ma
          Couronne.
Souuent ie ne ſçay quoy qu'on ne peut exprimer
Nous ſurprend, nous emporte, & nous force d'ay-
          mer,
Et ſouuent ſans raiſon les obiets de nos flames
Frappent nos yeux enſemble, & ſaiſſiſſent nos ames.
Ainſi nous auons veu le ſouuerain des Dieux
Au meſpris de Iunon aymer en ces bas lieux,
Venus quitter ſon Mars, & negliger ſa priſe,
Tantoſt pour Adonis, & tantoſt pour Anchiſe,
Et c'eſt peut-eſtre encore auec moins de raiſon
Que bien que vous m'aymiez ie me donne à Iaſon
D'abord dans mon eſprit vous euſtes ce partage,
Ie vous eſtimay plus, & l'aymay d'auantage.

ÆGEE.

Gardez ces complimens pour de moins enflamés,
Et ne m'estimez point qu'autant que vous m'aimés.
Que me sert cet adueu d'vne erreur volontaire ?
Si vous croyez faillir, qui vous force à le faire?
N'accusez point l'amour n'y son aueuglement,
Quand on cognoist sa faute on peche doublement.

CREVSE.

Puis donc que vous trouues ma faute inexcusable,
Ie ne veux plus, Monsieur, me confesser coupable.
L'amour de mon pays & le bien de l'Estat
Me deffendoient l'Hymen d'vn si grand Potentat.
Il m'eust fallu soudain vous suiure en vos Prouin-
    ces,
Et priuer mes suiets de l'aspect de leurs Princes.
Vostre sceptre pour moy n'est qu'vn pompeux exil;
Que me sert son esclat, & que me donne-t'il?
M'esleue-t'il d'vn rang plus haut que souueraine?
Et sans le posseder suisie pas desia Reine?
Graces aux immortels dans ma condition
I'ay dequoy m'assouuir de cette ambition,
Ie ne veux point changer mon sceptre contre vn au-
    tre,
Ie perdrois ma Couronne en acceptant la vostre,
Corinthe est bon suiet, mais il veut voir son Roy,

Et d'vn Prince esloigné reietteroit la loy.
Ioignez a ces raisons qu'vn pere vn peu sur l'âge,
Dont ma seule presence adoucit le vefuage,
Ne sçauroit se resoudre à separer de luy
De ses debiles ans l'esperance, & l'appuy,
Et vous recognoistres que ie ne vous prefere
Que le bien de l'Estat mon pays, & mon pere.

ÆGEE.

Puis que mon mauuais sort a ce point me reduit,
Qu'au lieu de me seruir ma Couronne me nuit:
Pour diuertir l'effet de ce funeste oracle,
Ie dépose à vos pieds ce precieux obstacle.
Madame, a mes suiets donnez vn autre Roy,
De tout ce que ie suis ne retenez que moy,
Allez sceptre, grandeurs, Maiesté, Diadéme,
Vostre odieux esclat desplaist a ce que i'aime,
Ie hay ce nom de Roy qui s'oppose à mes vœux,
Et le tiltre d'esclaue est le seul que ie veux.

CREVSE.

Sans plus vous emporter à cette complaisance
Perdez mon souuenir auecque ma presence,
Et puis que mes raisons ont si peu de pouuoir
Que vostre emotion se redouble a me voir,
Afin de redonner le repos à vostre ame,
Souffrez que ie vous quitte.

ÆGEE seul.

Allez, allez, Madame,
Estaler vos appas, & vanter vos mespris
A l'infame sorcier qui charme vos esprits.
De cette indignité faites vn mauuais conte,
Riez de mon ardeur, riez de vostre honte.
Fauorisez celuy de tous vos Courtisans
Qui raillera le mieux le declin de mes ans.
Vous iouyrez fort peu d'vne telle insolence,
Mon amour outragé court à la violence.
Mes vaisseaux à la rade assez proches du port
N'ont que trop de soldats à faire vn coup d'effort,
La ieunesse me manque & non pas le courage,
Les Rois ne perdent point les forces auec l'aage,
Et l'on verra peut estre auant ce iour finy
Ma passion vangée & vostre orgueil puny.

ACTE III.

SCENE PREMIERE.

NERINE.

*Alheureux instrument du malheur qui*
nous presse,
Que i'ay pitié de toy, deplorable Prin-
cesse!
Auant que le Soleil ait fait encore vn tour
Ta perte ineuitable acheue ton amour.
Ton destin te trahit, & ta beauté fatale
Sous l'appas d'vn Hymen t'expose a ta riuale,
Ton sceptre est impuissant a vaincre son effort,
Et le iour de sa fuite est celuy de ta mort.
Celle qui de son fils saoula le Roy de Thrace
Eut bien moins que Medee & de rage & d'audace.
Seule esgale a soy mesme en sa vaste fureur
Ses proiets les plus doux me font trembler d'horreur,
Sa vangeance à la main elle n'a qu'à resoudre,
Vn mot du haut des Cieux fait descendre le foudre,

Les

Les mers pour noyer tout n'attendent que sa loy,
La terre offre à s'ouurir sous le Palais du Roy,
L'air tient les vents tous prests à suiure sa colere,
Tant la nature esclaue a peur de luy desplaire :
Et si ce n'est assez de tous les elements ,
Les Enfers vont sortir a ses commandements.
Moy, bien que mon deuoir m'attache à son seruice,
Ie luy preste à regret vn silence complice ,
D'vn louable desir mon cœur sollicité
Luy feroit auec ioye vne infidelité :
Mais loin de s'arrester sa rage decouuerte
A celle de Creüse adiousteroit ma perte,
Et mon funeste aduis ne seruiroit de rien
Qu'à confondre mon sang dans les boüillons du sien.
D'vn mouuement contraire à celuy de mon ame
La crainte de la mort m'oste celle du blasme,
Ma peur me fait fidelle & tasche d'auancer
Les desseins que ie veux & n'ose trauerser.

F

SCENE II.

IASON, NERINE.

IASON.

*Erine, & bien que fait noſtre pauure*
 exilée?
Tes ſages entretiens l'ont il point con-
 ſolée?
Ne peut elle ceder a la neceßité?

NERINE.

Elle a bien refroidy ſon animoſité.
De moment en moment ſon ame plus humaine
Abaiſſe ſa colere, & rabat de ſa haine,
Deſia ſon deſplaiſir ne vous veut plus de mal.

IASON.

Fay luy prendre pour tous vn ſentiment eſgal,
Toy qui de mon amour cognoiſſois la tendreſſe,
Tu peux cognoiſtre auſſi quelle douleur me preſſe,
Ie me ſens deſchirer le cœur a ſon depart;

Creüse en ses malheurs prend mesmes quelque part,
Ses pleurs en ont coulé, Creon mesme en souspire,
Luy préfere à regret le bien de son Empire,
Et si dans son Adieu son cœur moins irrité
Pouuoit laisser agir sa liberalité,
S'iusques là Medée appaisoit ses menaces
Qu'elle voulust partir auec ses bonnes graces,
Ie sçay (comme il est bon) que ses tresors ouuerts
Luy seroient sans reserue entierement offerts,
Et malgré les malheurs ou le sort l'a reduite
Soulageroient sa peine, & soustiendroient sa fuite.

NERINE.

Puis qu'il faut se resoudre a ce bannissement
Il faut en adoucir le mescontentement,
Cette offre y peut seruir, & par elle i'espere
Auec vn peu d'adresse apaiser sa colere.
Mais d'ailleurs toutefois, n'attendez rien de moy
S'il faut prendre congé de Creüse & du Roy,
L'obiet de vostre amour, & de sa ialousie
De toutes ses fureurs l'auroit tost ressaisie.

IASON.

Pour monstrer sans les voir son courage apaisé
Ie te diray, Nerine, vn moyen fort aisé.
Mais puis ie m'asseurer dessus ta confidence ?
Ouy, de trop longue main ie cognois ta prudence.

E ij

On a banny Medée, & Creon tout d'vn temps
Ioignoit à son exil celuy de ses enfans,
La pitié de Creuse a tant fait vers son pere
Qu'ils n'auront point de part aux malheurs de leur
　　mere,
Elle luy doit par eux quelque remerciment,
Qu'vn present de sa part suiue leur compliment:
Sa robbe dont l'esclat sied mal à sa fortune,
Et n'est à son exil qu'vne charge importune,
Luy gaigneroit le cœur d'vn Prince liberal,
Et de tous ses tresors l'abandon general.
Elle peut aisement d'vne chose inutile
Semer pour sa retraite vne terre fertile,
Creuse, ou ie me trompe, en a quelque desir,
Et ie ne pense pas quelle peust mieux choisir.
Mais la voicy qui sort, souffre que ie l'euite
Puis qu'à mon seul aspect ie la voy qui s'irrite.

SCENE III.

MEDEE, IASON, NERINE.

MEDEE.

E fuyez pas, Iason, de ces funestes
    lieux,
C'est a moy d'en partir, receuez mes
    Adieux.
Accoustumée a fuir, l'exil m'est peu de chose,
Sa rigueur n'a pour moy de nouueau que sa cause,
C'est pour vous que i'ay fuy, c'est vous qui me chas-
    sez:
Ou me renuoyez vous si vous me bannissez?
Iray-ie sur le Phase ou i'ay trahy mon pere
Appaiser de mon sang les Manes de mon frere?
Iray-ie en Thessalie ou le meurtre d'vn Roy
Pour victime auiourd'huy ne demande que moy?
Il n'est point de climat dont mon amour fatale
N'ait acquis a mon nom la haine generale,
Et ce qu'ont fait pour vous mon sçauoir & ma main
M'a fait vn ennemy de tout le genre humain.

E iij

Reſſouuien-t'en ingrat, remets.toy dans la plaine
Que ces taureaux affreux bruſloient de leur ha-
    leine,
Reuoy ce champ guerrier dont les ſacrés ſillons
Eſleuoient contre toy de ſoudains bataillons,
Ce Dragon qui iamais n'eut les paupieres cloſes,
Et lors préfere moy Creuſe, ſi tu l'oſes.
Qu'ay-ie eſpargné depuis qui fuſt en mon pouuoir?
Ay-ie aupres de l'amour eſcouté mon deuoir?
Pour ietter vn oſtacle à l'ardante pourſuite
Dont mon pere en fureur touchoit deſia ta fuite,
Semay-ie auec regret mon frere par morceaux?
A cet obiet piteux eſpandu ſur les eaux
Mon pere trop ſenſible aux droits de la nature
Quitta tous autres ſoins que de ſa ſepulture,
Et par ce nouueau crime eſmouuant ſa pitié
Farreſtay les effets de ſon inimitié,
Bourrelle de mon ſang, honte de ma famille,
Auſſi cruelle ſœur, que deſloyale fille,
Ces tiltres glorieux plaiſoient à mes amours,
Ie les pris ſans horreur pour conſeruer tes iours.
Alors, certes, alors mon merite eſtoit rare,
Tu n'eſtois point honteux d'vne femme Barbare :
Quand 'a ton pere vſé ie rendis la vigueur,
I'auoisencor tes vœux, i'eſtois encor ton cœur;
Mais cette affection mourant auec Pelie
Sus vn meſme tombeau ſe vit enſeuelie,

L'ingratitude en l'ame, & l'impudence au front,
Vne Scythe en ton lit te fut lors vn affront.
Et moy que tes defirs auoient tant fouhaitée,
Le Dragon affoupy, la toifon emportée,
Ton tyran maffacré, ton pere r'aieuny,
Ie deuins vn obiet digne d'eftre banny.
Tes deffeins acheuez, i'ay merité ta haine,
Il t'a fallu fortir d'vne honteufe chaifne,
Et prendre vne moitié qui n'a rien plus que moy
Que le bandeau Royal que i'ay quitté pour toy.

IASON.

Ha! que n'as-tu des yeux à lire dans mon ame,
Et voir les purs motifs de ma nouuelle flame!
Les tendres fentiments d'vn amour paternel
Pour fauuer mes enfans me rendent criminel,
Si l'on peut nommer crime vn malheureux diuorce
Ou le foing que i'ay d'eux me range à toute force.
Toy mefme furieufe ay-ie peu fait pour toy
D'arracher ton trefpas aux vangeances d'vn
    Roy?
Sans moy ton infolence alloit eftre punie,
A ma feule priere on ne t'a que bannie:
C'eft rendre la pareille à tes grands coups d'effort,
Tu m'as fauué la vie, & i'empefche ta mort.

MEDEE.

On ne m'a que bannie : ô bonté souueraine !
C'est donc vne faueur & non pas vne peine !
Ie reçois vne grace au lieu d'vn chastiment !
Et mon exil encor doibt vn remerciment !
Ainsi l'auare soif du brigand assouuie
Ils impute a pitié de nous laisser la vie,
Quand il n'esgorge point il croit nous pardonner,
Et ce qu'il n'oste pas il pense le donner.

IASON.

Tes discours dont Creon de plus en plus s'offence
Le forceroient en fin à quelque violence,
Esloigne toy d'icy tandis qu'il t'est permis,
Les Rois ne sont iamais de foibles ennemis.

MEDEE.

A trauers tes conseils ie vois assez ta ruse,
Ce n'est la m'en donner qu'en faueur de Creüse,
Ton amour desguisé d'vn soin officieux
D'vn obiet importun veut deliurer ses yeux.

IASON.

N'appelle point amour vn change ineuitable
Ou Creüse fait moins que le sort qui m'accable.

MEDEE

MEDEE.

Peux-tu bien sans rougir de saduoüer tes feux?

IASON.

Et bien soit, ses attraits captiuent tous mes vœux,
Toy qu'vn amour furtif souilla de tant de crimes
M'oses tu reprocher des ardeurs legitimes?

MEDEE.

Ouy ie te les reproche, & de plus....

IASON.

Quels forfaits?

MEDEE

La trahison, le meurtre, & tous ceux que i'ay faits.

IASON.

Il manque encor ce point à mon sort deplorable
Que de tes cruautez, on me face coupable.

MEDEE.

Tu presumes en vain de t'en mettre à couuert,
Celuy-là fait le crime à qui le crime sert.

G

MEDEE.

Que chacun indigné contre ceux de ta femme
La traite en ses discours de meschante, & d'infame,
Toy seul, dont ses forfais ont fait tout le bonheur,
Tien la pour innocente, & deffends son honneur.

IASON.

Iay honte de ma vie, & ie hay son vsage
Depuis que ie la doibs aux effets de ta rage.

MEDEE.

La honte genereuse, & la haute vertu!
Si tu la hais si fort pourquoy la gardes tu?

IASON.

Au bien de nos enfans, dont l'aage foible & ten-
dre
Contre tant de malheurs ne sçauroit se deffendre,
Deuiens en leur faueur d'vn naturel plus doux.

MEDEE.

Mon ame à leur suiet redouble son courroux,
Faut-il ce deshonneur pour comble à mes miseres
Qu'à mes enfans Creüse en fin donne des freres?
Tu vas mesler, impie, & mettre en rang pareil
Les neueux de Sysiphe auec ceux du Soleil

IASON.

Leur grandeur soustiendra la fortune des autres,
Creuse & ses enfans conserueront les nostres.

MEDEE.

Ie l'empescheray bien, ce meslange odieux,
Qui deshonore ensemble & ma race & les Dieux.

IASON.

Lassez de tant de maux cedons à la fortune.

MEDEE.

Ce corps n'enferme pas vne ame si commune,
Ie n'ay iamais souffert qu'elle me fist la loy,
Et tousiours ma fortune a dependu de moy.

IASON.

La peur que i'ay d'vn sceptre ...

MEDEE.

       Ah cœur remply de feinte!
Tu masques tes desirs d'vn faux tiltre de crainte,
Un sceptre pour ton change a seul de vrais appas.

IASON.

Voy l'estat ou ie suis, i'ay deux Roys sur les bras,
Acaste à la campagne, & Creon dans la ville,
Que leur puisse opposer qu'vn courage inutile?

MEDEE.

Fuy les tous deux pour moy, suy Medée a ton tour,
Sauue ton innocence auecque ton amour,
Fuy les, ie n'arme pas ta dextre sanguinaire
N'y contre ton parent, ny contre ton beaupere.

IASON.

Qui leur resistera s'ils viennent à s'vnir?

MEDEE.

Qui me resistera si ie te veux punir?
Desloyal, aupres d'eux crains tu si peu Medée?
Que toute leur puissance en armes desbordèe
Dispute contre moy ton cœur qu'ils m'ont surpris,
Et ne sois du combat que le iuge & le prix:
Ioins leur, si tu le veux, mon pere & la Scythie,
En moy seule ils n'auront que trop forte partie.
Bornes tu mon pouuoir à celuy des humains?
Contre eux quand il me plaist i'arme leurs propres
*   mains,*

Tu le sçais, tu l'as veu, quand ces fils de la terre
Par leurs coups mutuels terminerent leur guerre.
Miserable, ie puis adoucir des taureaux,
La flame m'obeit, & ie commande aux eaux,
Et ie ne puis chasser le feu qui me consomme,
N'y toucher tant soit peu les volontez d'vn homme.
Ie t'aime encor, Iason, malgré ta lascheté,
Ie ne m'offense plus de ta legereté,
Ie sens à tes regards decroistre ma colere,
De moment en moment ma fureur se modere,
Et ie cours sans regret a mon bannissement
Puisque i'en voy sortir ton establissement.
Ie n'ay plus qu'vne grace à demander en suite
Souffre que mes enfans accompagnent ma fuite.
Que ie t'admire encor en chacun de leurs traits,
Que ie t'aime & te baise en ces petits portraits,
Et que leur cher obiet entretenant ma flame
Te presente a mes yeux aussi bien qu'à mon ame.

IASON.

Ah: repren ta colere, elle a moins de rigueur,
M'enleuer mes enfans c'est m'arracher le cœur,
Et Iupiter tout prest à m'escraser du foudre
Mon trespas a la main ne pourroit m'y resoudre,
C'est pour eux que ie change, & la Parque sans eux
Seule eust de nostre Hymen rompu les chastes nœuds.

MEDEE

Cet amour paternel qui te fournit d'excuses
Me fait souffrir außi que tu me les refuses,
Ie ne t'en preſſe plus, & preſte à me bannir
Ie ne veux plus de toy qu'vn leger ſouuenir.

IASON.

Ton amour vertueux fait ma plus grande gloire,
Ce ſeroit me trahir qu'en perdre la memoire,
Et le mien enuers toy qui demeure eternel
T'en laiſſe en cet Adieu le ſerment ſolemnel,
Puiſſent briſer mon chef les traits les plus ſeueres
Qu'eſlancent des grands Dieux les plus aſpres
    coleres,
Qu'ils s'vniſſent enſemble afin de me punir,
Si ie ne perds la vie auant ton ſouuenir.

SCENE IV.
MEDEE, NERINE.
MEDEE.

I'Y donneray bon ordre, il eſt en ta puiſ-
            ſance
D'oublier mon amour, mais non pas ma
        vangeance :
Ie la ſçauray grauer en tes eſprits glacez
Par des coups trop profonds pour en eſtre effacés.
Il aime ſes enfans ce courage inflexible,
Son foible eſt deſcouuert, par eux il eſt ſenſible,
Par eux mon bras arme d'vne iuſte rigueur
V'a trouuer des chemins a luy percer le cœur.

NERINE.

Madame, eſpargnez les, eſpargnez vos entrailles,
N'auancez point par là vos propres funerailles,
Contre vn ſang innocent pourquoy vous irriter
Si Creüſe en vos lacqs ſe vient precipiter ?
Elle meſme s'y iette, & Iaſon vous la liure.

MEDEE.

Tu flattes mes desirs.

NERINE.

Que ie cesse de viure
Si ie vous ay rien dit contre la verité.

MEDEE.

Ah! ne me tien donc plus l'ame en perplexité.

NERINE.

Madame, il faut garder que quelqu'vn ne nous
　　voye,
Et du palais du Roy descouure nostre ioye,
Vn dessein euenté succede rarement.

MEDEE.

Rentrons donc, & mettons nos secrets seurement.

ACTE IV.

SCENE PREMIERE.
MEDEE, NERINE.
MEDEE seule.

Est trop peu de Iason que ton œil me
    desrobbe,
C'est trop peu de mon lit, tu veux
    encor ma robbe,
Riuale insatiable, & c'est encor trop
    peu
Si la force à la main tu l'as sans mon adueu,
Il faut que par moy mesme elle te soit offerte,
Que perdant mes enfans i'achepte encor leur per-
    te,
Il en faut vn hommage à tes diuins attraits,
Et des remerciments au vol que tu me fais.
Tu l'auras, mon refus seroit vn nouueau crime,
Mais ie t'en veux parer pour estre ma victime,

H

Et ſous vn faux ſemblant de liberalité
Saouler & ma vangeance & ton auidité.
Le charme eſt acheué, tu peux entrer Nerine,
Mes maux dans ces poiſons trouuent leur mede-
　　cine,
Voy combien de ſerpens a mon commandement
D'Afrique iuſqu'icy n'ont tardé qu'vn moment,
Et contraints d'obeyr à mes clameurs funeſtes,
Sur ce preſent fatal ont deſchargé leurs peſtes:
L'amour à tous mes ſens ne fut iamais ſi doux
Que ce triſte appareil à mon eſprit ialoux.
Ces herbes ne ſont pas d'vne vertu commune,
Moy meſme en les cueillant ie fis paſlir la Lune,
Quand les cheueux flottants, le bras & le pied nu,
I'en deſpouillay iadis vn climat inconnu.
Voy mille autres venins, cette liqueur eſpaiſſe
Meſle du ſang de l'Hydre auec celuy de Neſſe,
Pyihon eut cette langue, & ce plumage noir
Eſt celuy qu'vne Harpye en fuyant laiſſa choir.
Par ce tiſon Althée aſſouuit ſa colere,
Trop pitoyable ſœur, & trop cruelle mere.
Ce feu tomba du Ciel auecque Phaëton,
Cet autre vient des flots du pierreux Phlegeton,
Et celuicy iadis remplit en nes contrées
Des taureaux de Vulcain les gorges enſoufrées.
Enfin tu ne vois la, poudres, racines, eaux,
Dont le pouuoir mortel n'ouurist mille tombeaux,

Ce present deceptif a beu toute leur force,
Et bien mieux que mon bras vangera mon diuorce,
Les traistres apprendront à se iouer à moy.
Mais d'ou prouient ce bruit dans le palais du Roy?

NERINE.

Du bonheur de Iason, & du malheur d'Ægée,
Madame, peu s'en faut qu'il ne vous ait vangée.
Ce genereux vieillard indigné que ses feux
Pres de vostre riuale ayent perdu tant de vœux,
Et que sur sa couronne & sa perseuerance
L'exil de vostre espoux ait eu la preferance,
A tasché par la force à repousser l'affront
Què ce nouuel Hymen luy porte sur le front.
Comme cette beauté, pour luy toute de glace,
Sur les bords de la mer contemploit la bonace,
Il la voit mal suiuie, & prend vn si beau temps
A rendre ses desirs & les vostres contents.
De ses meilleurs soldats vne troupe choisie
Le suit dans ce dessein, Creüse en est saisie,
L'effroy qui la surprend la iette en pasmoison,
Et tout ce qu'elle peut c'est de nommer Iason.
Ses gardes a la bord font quelque resistance,
Et le peuple leur preste vne foible assistance,
Mais l'obstacle leger de ces debiles cœurs
Laissoit honteusement Creüse à leurs vainqueurs,
Desia presque en leur bord elle estoit enleuée....

MEDEE.

I'en deuine la fin, mon traistre la sauuée.

NERINE.

Ouy, Madame, & de plus Ægée est prisonnier,
Vostre espoux à son myrthe adiouste ce laurier,
Mais apprenez comment.

MEDEE.

    N'en dy pas dauantage,
Ie ne veux point sçauoir ce qu'à fait son courage,
Il suffit que son bras a trauaillé pour nous,
Et rend vne victime à mon iuste couroux.
Nerine, mes douleurs auroient peu d'allegeance
Si cet enleuement l'ostoit à ma vangeance,
Pour quitter son pays en est-on malheureux?
Ce n'est pas son exil, c'est sa mort que ie veux:
Elle auroit trop d'honneur de n'auoir que ma peine,
Et de verser des pleurs pour estre deux fois Reine.
Tant d'inuisibles feux enfermez dans ce don,
Que d'vn tiltre plus vray i'appelle ma rançon,
Produiront des effets bien plus doux à ma haine.

NERINE.

Par là vous vous vangez, & sa perte est certaine,
Mais contre la fureur de son pere irrité,
Où pensez vous trouuer vn lieu de seureté?

MEDEE.

Si la prison d'Ægée à suiuy sa deffaite,
Voy tu pas qu'en l'ouurant ie m'ouure vne retraite,
Et que brisant ses fers, cette obligation
Engage sa couronne a ma protection?
Despesche seulement, & cours vers ma riuale
Luy porter de ma part cette robbe fatale,
Méne luy mes enfans, & fay les si tu peux
Presenter par leur pere à l'obiet de ses vœux.

NERINE.

Mais, Madame, porter cette robbe empestée
Que de tant de poisons vous auez infectée,
C'est pour vostre Nerine vn trop funeste employ,
Auant que sur Creüse ils agiroient sur moy.

MEDEE.

Ne crain pas leur vertu, mon charme la modere,
Et luy deffend d'agir que sur elle & son pere,
Pour vn si grand effet prends vn cœur plus hardy,
Et sans me repliquer fay ce que ie te dy.

H iij

SCENE II.

CREON, POLLVX, Soldats.

CREON.

Oous deuons bien cherir cette valeur
   parfaite
Qui de nos rauisseurs nous donne la
   deffaite,
Inuincible heros, c'est a vostre secours
Que ie doibs desormais le bonheur de mes iours,
C'est vous dont le courage, & la force, & l'adresse,
Rend à Creon sa fille, à Iason sa maistresse,
Met Ægée en prison, & son orgueil a bas,
Et fait mordre la terre à ses meilleurs soldats.

POLLVX.

Grand Roy, l'heureux succez de cette deliurance
Vous est beaucoup mieux deu qu'à mon peu de vail-
   lance,
C'est vous seul & Iason dont les bras indomptés
Portoient auec effroy la mort de tous costés,

Pareils à deux lions dont l'ardante furie
Depeuple en vn moment toute vne bergerie.
L'exemple glorieux de vos faits plus qu'humains
Eschauffoit mon courage, & conduisoit mes mains,
Et vous voyant faucher ces testes criminelles
I'ay suiuy, mais de loin, des actions si belles.
Qui pourroit reculer en combatant sous vous?
Et qui n'auroit du cœur a seconder vos coups?

CREON.

Vostre valeur qui souffre en cette repartie
Oste toute croyance a vostre modestie :
Mais puisque le refus d'vn honneur merité
N'est pas vn petit trait de generosité,
Ie vous laisse en iouyr. Autheur de la victoire,
Ainsi qu'il vous plaira departez en la gloire,
Comme elle est vostre bien vous pouuez la donner:
Que prudemment les Dieux sçauent tout ordonner!
Voyez, braue guerrier, comme vostre arriuée
Au iour de nos malheurs se trouue reseruée,
Et qu'au point que le sort osoit nous menacer
Ils nous ont enuoyé dequoy le terrasser.
Digne sang de leur Roy, demidieu magnanime,
Dont la vertu ne peut receuoir trop d'estime,
Qu'auõs nous plus à craindre & quel destin ialoux
Tant que nous vous aurons s'osera prendre a nous?

POLLVX.

'Apprehendez, pourtant, grand Prince.

CREON

Et quoy?

POLLVX

Medée
Qui par vous de son lit se voit depossedée.
Je crains qu'il ne vous soit malaisé d'empescher
Qu'vn gendre valeureux ne vous couste bien cher.
Apres l'assaßinat d'vn Monarque & d'vn frere,
Peut-il estre de sang qu'elle espargne ou reuere?
Accoustumée au meurtre, & sçauante en poison,
Voyez ce qu'elle a fait pour acquerir Iason,
Et ne presumez pas, quoy que Iason vous die,
Que pour le conseruer elle soit moins hardie.

CREON.

C'est dequoy mon esprit n'est plus inquieté,
Par son bannißement i'ay fait ma seureté,
Elle n'a que fureur & que vangeance en l'ame,
Mais en si peu de temps que peut faire vne femme?
Ie n'ay prescrit qu'vn iour de terme à son depart.
POL-

POLLVX.

C'est peu pour vne femme, & beaucoup pour son art,
Sur le pouuoir humain ne regles pas les charmes.

CREON.

Quelques puissants qu'ils soient , ie n'en ay point
d'alarmes ,
Et quand bien ce delay deuroit tout hazarder,
Ma parole est donnee & ie la veux garder.

SCENE III.

CREON, POLLVX, CLEONE.

CREON.

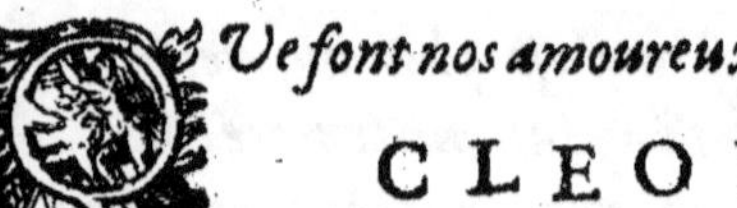

Ve font nos amoureux , Cleone?

CLEONE.

La Princesse ,
Sire , aupres de Iason reprend son allegresse ,
Et ce qui sert beaucoup à son contentement,
C'est de voir que Medee est sans ressentiment.

I

CREON

Et quel Dieu si propice a calmé son courage?

CLEONE.

Iason & ses enfans qu'elle vous laisse en gage.
La grace que pour eux Madame obtient de vous
A calmé les transports de son esprit ialoux.
Le plus riche present qui fust en sa puissance
A ses remerciments ioint sa recognoissance,
Sa robbe sans pareille, & sur qui nous voyons
Du Soleil son ayeul briller mille rayons,
Que la Princesse mesme auoit tant souhaitée,
Par ces petits heros luy vient d'estre apportée,
En fait voir clairement les merueilleux effets
Qu'en vn cœur irrité produisent les bien faits.

CREON.

Et bien, qu'en dites vous? qu'auons nous plus à
*   craindre?*

POLLVX

Si vous ne craignez rien, que ie vous trouue à plain-
*   dre?*

CREON.

Vn si rare present monstre vn esprit remis.

POLLVX.

I'eus tousiours pour suspects les dons des ennemis,
Ils font assez souuent ce que n'ont peu leurs ar-
    mes,
Ie cognoy de Medée & l'esprit & les charmes,
Et veux bien m'exposer aux plus cruels trespas
Si ce rare present n'est vn mortel appas.

CREON.

Ses enfans si cheris qui nous seruent d'ostages
Nous peuuent ils laisser quelque sorte d'ombra-
    ges?

POLLVX.

Peut-estre que contre eux s'estend sa trahison,
Qu'elle ne les prend plus que pour ceux de Iason,
Et qu'elle s'imagine, en haine de leur pere,
Que n'estant plus sa femme, elle n'est plus leur mere.
Sire, renuoyez luy ce don pernicieux,
Et ne vous chargez point d'vn poison precieux,

CLEONE.

Madame cependant en est toute rauie,
Et de s'en voir parée elle brusle d'enuie.

POLLVX.

Ou le peril esgale, & paſſe le plaiſir,
Il faut ſe faire force, & vaincre ſon deſir,
Jaſon dans ſon amour a trop de complaiſance
De ſouffrir qu'vn tel don s'accepte en ſa preſence.

CREON.

Sans rien mettre au hazard, ie ſçauray dextre-
*   ment*
Accorder vos ſoupçons: & ſon contentement
Nous verrons dez ce ſoir ſur vne criminelle
Si ce preſent nous cache vne embuſche mortelle.
Niſe pour ſes forfaits deſtinée a mourir
Ne peut par cette eſpreuue iniuſtement perir,
Heureuſe ſi ſa mort nous rendoit ce ſeruice
De nous en deſcouurir le funeſte artifice.
Allons y de ce pas, & ne conſumons plus
De temps ny de diſcours en debats ſuperflus.

SCENE IV.

ÆGEE en prison.

STANCES.

Emeure affreuſe des coupables,
Lieux maudits, funeſte ſeiour,
Dont auparauant mon amour
Les ſceptres eſtoient incapables,
Redoubles puiſſamment voſtre mortel effroy,
Et ioignez a mes maux vne ſi viue atteinte
Que mon ame chaſſée, ou s'enfuyant de crainte,
Deſrobbe à mes vainqueurs le ſupplice d'vn Roy.

Le triſte bonheur ou i'aſpire!
Ie ne veux que haſter ma mort,
Et n'accuſe mon mauuais ſort
Que de ſouffrir que ie reſpire,
Puiſqu'il mé faut mourir, que ie meure a mõ choix,
Le coup m'en ſera doux s'il eſt ſans infamie,
Prendre l'ordre à mourir d'vne main ennemie
C'eſt mourir à mon gré beaucoup plus d'vne fois.

I iij

Pauure Prince l'on te mesprise,
Quand tu t'arrestes à seruir,
Si tu t'efforces de rauir,
Ta prison suit ton entreprise.
Ton amour qu'on desdaigne, & ton vain attentat
D'vn eternel affront vont souiller ta memoire :
L'vn t'a desia cousté ton repos & ta gloire,
L'autre te va couster ta vie, & ton Estat.

Destin qui punis mon audace,
Tu n'as que de iustes rigueurs,
Et s'il est d'assez tendres cœurs
Pour compatir à ma disgrace,
Mon feu de leur tendresse estouffe la moitié :
Veu qu'à bien comparer mes fers auec ma flame,
Un vieillard amoureux merite plus de blasme,
Qu'vn Monarque en prison n'est digne de pitié.

Cruel autheur de ma misere,
Peste des Cœurs, tyran des Roys,
Dont les imperieuses loix
N'espargnent pas mesmes ta mere,
Amour, contre Iason tourne ton trait fatal,
Au pouuoir de tes dards ie remets ma vangeance,
Atterre son orgueil, & monstre ta puissance
A perdre esgalement l'vn & l'autre riual.

Qu'vne implacable ialousie,
Suiue son nuptial flambeau,
Que sans cesse vn obiet nouueau
S'empare de sa fantaisie,
Que Corinthe à sa veuë accepte vn autre Roy,
Qu'il puisse voir sa race à ses yeux esgorgée,
Et pour dernier malheur, qu'il ait le sort d'Ægée,
Et deuienne à mon aage amoureux comme moy.

SCENE V.

ÆGEE, MEDEE, NERINE.

ÆGEE.

MAis d'ou vient ce bruit sourd? quelle pasle lumiere
Dissipe ces horreurs, & frappe ma pau-
piere?
Mortel, qui que tu sois, destourne icy tes pas,
Et de grace m'apprends l'arrest de mon trespas,

L'heure, le lieu, le genre, & si ton cœur sensible
A la compassion peut se rendre accessible,
Donne moy les moyens d'vn genereux effort
Qui des mains des bourreaux affranchisse ma mort.

MEDEE.

Ie viens t'en affranchir, ne craignez plus, grand
    Prince,
Ne pensez qu'à reuoir vostre chere Prouince.
Ces portes ne sont pas pour tenir contre moy,
Cessez indignes fers de captiuer vn Roy,
Est-ce à vous a presser les bras d'vn tel Monarque ?
Et vous, recognoissez Medée a cette marque,
Et fuyez vn tyran, dont le forcenement
Ioindroit vostre supplice a mon bannissement,
Auec la liberté reprenes le courage.

ÆGEE.

Ie les reprends tous deux pour vous en faire hom-
    mage,
Princesse de qui l'art propice aux malheureux
Oppose vn tel miracle a mon sort rigoureux.
Disposez de ma vie, & du sceptre d'Athenes,
Ie doibs & l'vn & l'autre a qui brise mes chaisnes,
Vostre diuin secours me tire de danger.
Mais ie n'en veux sortir qu'afin de vous vanger.
                                Madame,

Madame, si iamais auec voſtre aßiſtance
Ie puis toucher les lieux de mon obeiſſance,
Vous me verrez ſuiuy de mille bataillons
Iuſques deſſus ces murs planter mes pauillons,
Punir leur traiſtre Roy de vous auoir bannie,
Dedans le ſang des ſiens noyer ſa tyrannie,
Et remettre en vos mains & Creüſe & Iaſon
Pour vanger voſtre exil pluſtoſt que ma priſon.

MEDEE.

Ie veux vne vangeance, & plus haute, & plus
    prompte,
Ne l'entreprenez pas, voſtre offre me fait honte :
Emprunter le ſecours d'aucun pouuoir humain
D'vn reproche eternel diffameroit ma main.
En eſt-il apres tout aucun qui ne me cede ?
Qui force la nature a-i'il beſoin qu'on l'ayde ?
Laiſſez moy le ſoucy de vanger mes ennuis.
Et par ce que i'ay fait iugez ce que ie puis.
L'ordre en eſt tout donné, n'en ſoyez point en peine,
C'eſt demain que mon art fait triompher ma haine,
Demain ie ſuis Medée & ie tire raiſon
De mon banniſſement & de voſtre priſon.

ÆGEE.

Quoy, madame, faut-il que mon peu de puiſſance
Eſtouffe les deuoirs de ma reconnoiſſance ?

K.

 MEDEE

Mon sceptre ne peut il estre employé pour vous ?
Et vous seray-ie ingrat autant que vostre espoux ?

MEDEE.

Si ie vous ay seruy, tout ce que i'en souhaite
C'est de trouuer chez vous vne seure retraite,
Ou de mes ennemis menaces n'y presents
Ne puissent plus troubler le repos de mes ans.
Non pas que ie les craigne, eux & toute la terre
A leur confusion me liureroient la guerre,
Mais ie hay ce desordre, & n'ayme pas à voir
Qu'il me faille pour viure vser de mon sçauoir.

ÆGEE.

L'honneur de receuoir vne si grande hostesse
De mes malheurs passez efface la tristesse,
Disposez d'vn pays qui viura sous vos loix.
Si vous l'aymez assez pour luy donner des Rois,
Si mes ans ne vous font mespriser ma personne,
Vous y partagerez mon lit & ma couronne ;
Sinon, sur mes suiets faites estat d'auoir
Ainsi que sur moy mesme vn absolu pouuoir.
Allons madame, allons, & par vostre conduite
Faites la seureté que demande ma suite.

MEDEE.

Ma vangeance n'auroit qu'vn succez imparfait,
Ie ne me vange pas si ie n'en voy l'effet,

Ie doibs à mon couroux l'heur d'vn si doux spectacle,
Allez, Prince, & sãs moy ne craignez point d'obstacle,
Ie vous suiuray demain par vn chemin nouueau.
Nerine deuant vous portera ce flambeau,
Sa secrette vertu qui vous fait inuisible.
Rendra voftre depart de tous coftez paisible,
Icy pour empescher l'alarme que le bruit
De voftre deliurance auroit bien toft produit,
Vn fantofme pareil & de taille & de face
Tandis que vous fuyrez remplira voftre place.
Partez fans plus tarder, Prince chery des Dieux,
Et quittez pour iamais ces deteftables lieux.

ÆGEE.

I'obeys fans replique, & ie pars fans remife,
Puiffe d'vn prompt fuccés voftre grande entreprife
Combler nos ennemis d'vn mortel defefpoir,
Et me donner bien toft l'honneur de vous reuoir.

MEDEE.

Auparauant que vous ie feray dans Athenes,
Cependant pour loyer de ces legeres peines
Ayez foin de Nerine, & fongez feulement
Qu'en elle vous pouuez m'obliger puiffamment.

ACTE V.

SCENE PREMIERE.

MEDEE, THEVDAS.

THEVDAS.

H deplorable Prince! ah fortune cruelle!
Que ie porte a Iason vne triste nouuelle!

MEDEE

Arreste miserable, & m'apprends quel effet
A produit chez le Roy le present que i'ay fait.

THEVDAS.

Dieux! ie suis dans les fers d'vne inuisible chaisne!

MEDEE.

Despesche, ou ces longueurs attireront ma haine,
Mauerge qui desia t'empesche de courir

N'a que trop de vertu pour te faire mourir.
Garde toy seulement d'irriter ma colere,
Et pense que ta mort depend de me desplaire,

THEVDAS.

Apprenez vn effet le plus prodigieux
Que iamais la vangeance ait offert à nos yeux.
Vostre robbe a fait peur, & sur Nise esprouuée
En despit des soupçons sans peril s'est trouuée,
Et cette espreuue a sceu si bien les asseurer
Qu'incontinent Creüse à voulu s'en parer.
Cette pauure Princesse à peine la vestuë
Qu'elle sent aussi tost vne ardeur qui la tuë,
Vn feu subtil s'allume, & ses brandons espars
Sur vostre don fatal courent de toutes parts,
Et Cleone, & le Roy s'y iettent pour l'esteindre,
Mais (ô nouueau suiet de pleurer & de plaindre!)
Ce feu saisit le Roy, ce Prince en vn moment
Se trouue enueloppé du mesme embrasement.

MEDEE.

Courage, enfin il faut que l'vn & l'autre meure.

THEVDAS.

La flame disparoist, mais l'ardeur leur demeure,
Et leurs habits charmez malgré nos vains efforts
Sont des brasiers secrets attachez a leurs corps,

K iij

Qui veut les despoüiller eux mesmes les déchire,
Et l'aide qu'on leur donne est vn nouueau martyre.

MEDEE.

Que dit mon desloyal, que fait il là dedans?

THEVDAS.

Iason sans rien sçauoir de tous ces accidents
S'acquite des deuoirs d'vne amitié ciuile
A conuoyer Pollux hors des murs de la ville,
Qui court à grande haste aux nopces de sa sœur
Dont bientost Meneias doibt estre possesseur,
Et i'allois luy porter ce funeste mesage.

MEDEE.

Va, tu peux maintenant acheuer ton voyage.
Est-ce assez, ma vangeance, est-ce assez de deux
    morts?
Consulte auec loisir tes plus ardants transports.
Des bras de mon perfide arracher vne femme
Est-ce pour assouuir les fureurs de mon ame?
Que n'a i'elle desia des enfans de Iason
Sur qui plus plainement vanger sa trahison:
Suppleons y des miens, immolons auec ioye
Ceux qu'à me dire Adieu Creüse me renuoye.
Nature, ie le puis sans violer ta loy,

Ils viennent de sa part & ne sont plus à moy.
Mais ils sont innocens, aussi l'estoit mon frere,
Ils sont trop criminels d'auoir Iason pour pere,
Il faut que leur trespas redouble son tourment
Il faut qu'il souffre en pere aussi bien qu'en amant.
Mais quoy! i'ay beau contre eux animer mõ audace,
La pitie la combat, & se met en sa place,
Puis cedant tout a coup la place à ma fureur,
J'adore les proiets qui me faisoient horreur,
De l'amour aussi tost ie tombe à la colere,
Des sentiments de femme aux tendresses de mere.
Cessez, doresnauant, pensers irresolus,
D'espargner des enfans que ie ne verray plus.
Chers fruits de mon amour, si ie vous ay fait naistre
Ce n'est pas seulement pour caresser vn traistre,
Il me priue de vous, & ie l'en vay priuer.
Mais ma pitie retourne, & reuient me brauer,
Ie n'execute rien, & mon ame esperduë
Entre deux passions demeure suspenduë
N'en deliberons plus, mon bras en resoudra,
Ie vous perds mes enfans, mais Iason vous perdra,
Il ne vous verra plus. Creon sort tout en rage
Allons à son trespas adiouster ce carnage.

SCENE II.

CREON, Domeſtiques.

CREON.

Oin de me ſecourir vous croiſſez mes tour-
    ments,
  Le poiſon a mon corps vnit mes veſtements,
Et ma peau qu'auec eux voſtre pitié m'arrache
Pour ſuiure voſtre main de mes os ſe detache.
Voyez comme mon ſang en coule en mille lieux,
Ne me deſchirez plus, bourreaux officieux,
Fuyez, ou ma fureur vnefois deſbordée
Dans ces pieux deuoirs vous prendra pour Medée.
C'eſt auancer ma mort que de me ſecourir,
Je ne veux que moy meſme à m'ayder à mourir.
Quoy? vous continuez, canailles infidelles?
Plus ie vous le deffends, plus vous m'eſtes rebelles:
Traiſtres, vous ſentires encor ce que ie puis,
Je ſeray voſtre Roy tout mourant que ie ſuis,
Si mes commandements ont trop peu d'efficace
Ma rage pour le moins me fera faire place,
Il faut ainſi payer voſtre cruel ſecours.

SCE-

SCENE III.

CREON, CREVSE, CLEONE.

CREVSE.

 V fuyez vous de moy cher autheur de
      mes iours ?
  Fuyez vous l'innocente , & malheu-
      reuse source
D'ou prennent tant de maux leur effroyable course?
Ce feu qui me consomme, & dehors & dedans,
Punit-il point assez mes souhaits imprudents?
Ie ne puis excuser mon indiscrete enuie
Qui donne le trespas a qui ie doibs la vie,
Mais soyez satisfait des rigueurs de mon sort,
Et cessez d'adiouster vostre haine à ma mort.
L'ardeur qui me deuore & que iay merité ,
Surpasse en cruauté l'Aigle de Promethée,
Et ie croy qu'Ixion au choix des sentiments
Prefereroit sa roue a mes embrazements.

CREON.

Si ton ieune desir eut beaucoup d'imprudence ,
Ma fille, i'y deuois opposer ma défence,

L

Ie n'impute qu'à moy l'exces de mes malheurs,
Et i'ay part en ta faute ainſi qu'en tes douleurs.
Si i'ay quelque regret, ce n'eſt pas à ma vie
Que le declin des ans m'auroit bien toſt rauie,
La ieuneſſe des tiens ſi beaux, ſi floriſſants,
Me porte bien des coups plus vifs, & plus preſſants.
Ma fille, c'eſt dont là ce Royal Hymenée
Dont nous penſions toucher la pompeuſe iournée?
L'impiteuſe Clothon en porte le flambeau,
Et pour lit nuptial il te faut vn tombeau.
Ha rage, deſeſpoir deſtins, feux, poiſons, charmes,
Tournez tous contre moy vos plus cruelles armes,
S'il faut vous aſſouuir par la mort de deux Rois
Faites en ma faueur que ie meure deux fois,
Pourueu que mes deux morts emportent cette grace
De laiſſer ma couronne à mon vnique race,
Et cet eſpoir ſi doux qui m'a touſiours flatté
De reuiure à iamais en ſa poſterité.

CREVSE.

Cleone ſouſtenez, les forces me defaillent,
Et ma vigueur ſuccombe aux douleurs qui m'aſ-
   ſaillent,
Le cœur me va manquer, ie n'en puis plus, helas,
Ne me refuſez point, ce funeſte ſoulas,
Monſieur, & ſi pour moy quelque amour vous de-
   meure,

Entre vos bras mourants permettez que ie meure,
Mes pleurs arrouseront vos mortels desplaisirs,
Ie mesleray leurs eaux a vos bruslants soupirs.
Ah ie brusle, ie meurs, ie ne suis plus que flame,
De grace hastez vous de receuoir mon ame.

CREON.

Ah ma fille.

CREVSE.

Ah mon pere.

CLEONE.

A ces embrassements
Qui retiendroit ses pleurs, & ses gemissements?
Dans ces ardants baisers leurs ames se confondent,
Et leurs tristes sanglots seulement se respondent,

CREVSE.

He quoy? vous me quittez!

CREON.

Ouy, ie ne verray pas
Comme vn lasche tesmoin ton indigne trespas,
Il faut, ma fille, il faut que ma main me deliure
De l'infame regret de t'auoir peu suruiure.
Inuisible ennemy, sors auecque mon sang.

L iij

CREVSE.

Courez à luy, Cleone, il se perse le flanc.

CREON.

Retourne, c'en est fait, ma fille, Adieu, i'expire,
Et ce dernier souspir, met fin à mon martyre,
Ie laisse à ton Iason le soing de nous vanger.

CREVSE.

Vain & triste confort, soulagement leger.
Mon pere….

CLEONE.

Il ne vit plus, sa belle ame est partie.

CREVSE.

Donnez donc à la mienne vne mesme sortie,
Apportez moy ce fer qui de ses maux vainqueur
Est desia si sçauant à trauerser le cœur.
Ah ie sens fers, & feux, & poison tout ensemble,
Ce que souffroit mon pere à mes peines s'assemble:
Helas que de douceur auroit vn prompt trespas!
Despeschez vous Cleone aydez mon foible bras.

ELEONE.

Ne defefperez point, les Dieux plus pitoyables
A nos iuftes clameurs fe rendront exorables,
Et vous conferueront en defpit du poifon,
Et pour Reine à Corinthe, & pour femme à Jafon.
Il arriue, & furpris il change, de vifage,
Ie lis dans fa pafleur vne fecrette rage,
Et fon eftonnement va paffer en fureur.

SCENE V.

IASON, CREVSE, CLEONE, THEVDAS.

IASON.

Ve voy-ie icy bons Dieux! quel fpectacle
   d'horreur!
Quelque part que mes yeux portent ma
  veuë errante,
Ie vois, ou Creon mort, ou Creüfe mourante.
Ne t'en va pas, belle ame, attens encor vn peu,
Et le fang de Medee efteindra tout ce feu,
Pren le trifte plaifir de voir punir fon crime,

I iij

De te voir immoler cette infame victime,
Et que ce Scorpion sur ta playe escrasé
Fournisse le remede au mal qu'il a causé.

CREVSE.

Il n'en faut point chercher au poison qui me tue,
Laisse moy le bonheur d'expirer a ta veue,
Souffre que i'en iouisse en ce dernier moment,
Mon trespas fera place à ton ressentiment,
Le mien cede a l'ardeur dont ie suis possedee
I'ayme mieux voir Iason que la mort de Medée.
Approche cher amant, & retien ces transports,
Mais garde de toucher ce miserable corps,
Ce brasier que le charme, ou respand, ou modere,
A negligé Cleone, & deuoré mon pere,
Au gré de ma riuale il est contagieux,
Iason, ce m'est assez de mourir à tes yeux,
Empesche les plaisirs qu'elle attend de ta peine,
N'attire point ces feux esclaues de sa haine,
Ah quel aspre tourment ! quels douloureux abois !
Et que ie sens de morts sans mourir vne fois !

IASON.

Quoy ? vous m'estimez donc si lasche que de viure
Et de si beaux chemins sõt ouuerts pour vous suiure,
Ma Reine si l'Hymen, n'a peu ioindre nos corps
Nous ioindrons nos esprits, nous ioindrons nos deux
    morts;

Et l'on verra Charon passer chez Radamante
Dans vne mesme barque & l'amant, & l'amante.
Helas vous receuez par ce present charmé
Le deplorable prix de m'auoir trop aymé,
Et puisque cette robbe a causé vostre perte
Ie dois estre puny de vous l'auoir offerte,
Trop heureux si sa force agissant en mes mains
Eust de nostre ennemie euenté les desseins,
Et destournant sur moy ses trames desloyales
Mon ame eust satisfait pour deux ames Royales,
Mais ce poison m'espargne, & ces feux impuissants
Refusent de finir les douleurs que ie sens.
Il faut donc que ie viue, & vous m'estes rauie:
Iustes Dieux quel forfait me condamne à la vie?
Est-il quelque tourment plus grand pour mon amour
Que de la voir mourir, & de souffrir le iour?
Non, non, si par ces feux mon attente est trompée,
I'ay dequoy m'affranchir au bout de mon espée,
Et l'exemple du Roy de sa main transpersé,
Qui nage dans les flots du sang qu'il à versé,
Instruit suffisamment vn genereux courage
Des moyens de brauer le destin qui l'outrage.

CREVSE.

Si Creuse eust iamais sur toy quelque pouuoir
Ne t'abandonne point aux coups du desespoir;

Uy pour ſauuer ton nom de cette ignominie
Que Creüſe ſoit morte, & Medée impunie :
Vy pour garder le mien en ton cœur affligé,
Et du moins ne meurs point que tu ne ſois vangé.
Adieu, donne la main, que malgré ta ialouſe
I'emporte chez Pluton le nom de ton eſpouſe,
Ah douleurs ! c'en eſt fait, ie meurs a cette fois,
Et perds en ce moment la vie auec la voix.
Sy tu m'aymes.

IASON.

Ce mot luy couppe la parole,
Et ie ne ſuiuray pas ſon ame qui s'enuole ?
Mon eſprit retenu par ſes commandements
Reſerue encor ma vie à de pires tourments.
O honte ! mes regrets permettent que ie viue
Et ne ſecourent pas ma main qu'elle captiue,
Leur atteinte eſt trop foible, & dans vn tel mal-
        heur
Ie ſuis trop peu touché pour mourir de douleur.
Pardonne, chere eſpouſe à mon obeſſance,
Mon deſplaiſir mortel deſere à ta puiſſance,
Et de mes iours maudits tout preſt de triompher,
De peur de te deſplaire il n'oſe m'eſtouffer.
Ne perdons point de temps, courons chez la ſorciere,
Deliurer par ſa mort mon ame priſonniere.

Vous

Vous autres cependant enleuez ces deux corps,
Contre tous ses Demons mes bras sont assez forts,
Et la part que vostre ayde auroit en ma vangeance
Ne m'en permettroit pas vne entiere allegeance,
Preparez seulement des gesnes des bourreaux,
Deuenez inuentifs en supplices nouueaux,
Qui la sassent mourir tant de fois sur leur tombe,
Que son coupable sang leur vaille vne hecatombe;
Et si cette victime en mourant mille fois
N'appaise point encor les Manes de deux Roys,
Ie seray la seconde, & mon esprit fidelle
Ira gesner la bas son ame criminelle,
Ira faire assembler pour sa punition
Les peines de Tithie à celles d'Ixion.
Mais leur puisse imputer ma mort en sacrifice?
Elle m'est vn plaisir & non pas vn supplice,
Mourir c'est seulement aupres deux me ranger,
C'est reioindre Creuse, & non pas la vanger.
Instruments des fureurs d'vne mere insensée
Indignes reiettons de m̄on amour passee,
Quel malheureux destin vous auoit reseruez
A porter le trespas a qui vous a sauuez?
C'est vous petits ingrats que malgré la nature
Il me faut immoler dessus leur sepulture,
Que la sorciere en vous commence de souffrir,
Que son premier tourment soit de vous voir mourir.
Toutefois qu'ont il fait qu'obeir à leur mere?

M

SCENE V.

MEDEE, IASON.

MEDEE.

Lasche, ton desespoir encor en delibere?
Leue les yeux perfide, & recognoy ce
    bras.
    Qui t'a desia vãgé de ces petits ingrats.
Ce poignard que tu vois vient de chasser leurs ames
Et noyer dans leur sang les restes de nos flames.
Heureux pere & mary, ma fuite & leur tombeau
Laisse la place vuide a ton hymen nouueau.
Resiouy t'en, Iason, va posseder Creüse,
Tu n'aurai plus icy personne qui t'accuse,
Ces gages de nos feux ne feront plus pour moy
De reproches secrets à ton manque de foy.

IASON.

Horreur de la nature execrable tygresse.

MEDEE.

Va bien heureux amant, caioler ta maiſtreſſe,
A cet obiet ſicher tu doibs tous tes diſcours
Parler encor à moy c'eſt trahir tes amours.
Va luy, va luy conter tes rares aduantures,
Et contre mes effets ne combats point d'iniures.

IASON.

Quoy tu m'oſes brauer, & ta brutalité
Penſe encor eſchaper à mon bras irrité?
Tu redouble ta peine auec cette inſolence.

MEDEE.

Et que peut contre moy ta debile vaillance?
Mon art faiſoit ta force, & tes exploits guerriers
Tiennent de mon ſecours ce qu'ils ont de lauriers.

IASON.

Ah c'eſt trop en ſouffrir, il faut qu'vn prompt ſup-
*   plice*
De tant de cruautez à la fin te puniſſe.
Sus ſus, briſons la porte enfonçons la maiſon.
Que des bourreaux ſoudain m'en facent la raiſon
Ta teſte reſpondra de tant de barbaries.

M ij

MEDEE.

Que sert de t'emporter à ces vaines furies,
Espargne cher espoux des efforts que tu perds,
Voy les chemins de l'air qui me sont tous ouuerts,
C'est par là que ie fuis, & que ie t'abandonne
Pour courir à l'exil que ton change m'ordonne,
Suy moy, Iason, & trouue en ces lieux desolés
Des pastillons pareils à mes Dragons aislés.
Enfin ie n'ay pas mal employé la iournée
Que la bonté du Roy de grace ma donnée.
Mes desirs sont contents, mon pere & mon pays,
Ie ne me repends plus de vous auoir trahis.
Auec cette douceur i'en accepte le blasme,
Adieu, pariure apprends à cognoistre ta femme,
Souuiens toy de sa fuite, & songe vne autrefois
Lequel est plus à craindre ou d'elle ou de deux
*　　Rois.*

SCENE VI.

IASON.

Dieux, ce char volant disparu dans la
   nuë,
La desrobbe a sa peine aussi bien qu'à
   ma veüe,
Et son impunité triomphe arrogamment
Des proiets auortez de mon ressentiment.
Creüse, enfans, Medée, Amour, haine vangeance
Ou dois-ie desormais chercher quelque allegeance,
Ou suiure l'inhumaine, & dessous quels climats
Porter les chastiments de tant d'assassimats?
Va furie execrable, en quelque coin de terre
Que t'emporte ton char i'y porteray la guerre,
I'apprendray ton seiour de tes sanglants effets,
Et te suiuray par tout au bruit de tes forfaits:
Mais que me seruira cette vaine poursuitte
Si l'air est vn chemin tousiours libre à ta fuite,
Si tousiours tes Dragons sont prest à t'enleuer,
Si tousiours tes forfaits ont dequoy me brauer?
Malheureux, ne perds point contre vne telle audace

M iij

De ta iuste fureur l'impuissante menace,
Ne tours point à ta honte, & fuy l'occasion
D'accroistre sa victoire, & ta confusion.
Miserable perfide, ainsi donc ta foiblesse
Espargne la sorciere, & trahit ta Princesse?
Est-ce la le pouuoir qu'ont sur toy ses desirs
Et ton obeyssance a ses derniers soupirs?
Vange toy, pauure amant, Creüse le commande,
Ne luy refuse point vn sang quelle demande,
Escoute les accens de sa mourante voix,
Et vole sans rien craindre a ce que tu luy doibs.
A qui sçait bien aymer il n'est rien d'impossible,
Eusses-tu pour retraite vn roc inaccessible,
Tigresse, tu mourras, & malgrè ton sçauoir
Mon amour se verra sousmise a son pouuoir,
Mes yeux se repaistront des horreurs de ta peine,
Ainsi le veut Creüse, ainsi le veut ma haine,
Mes quoy? ie vous escoute, impuissantes chaleurs,
Allez, n'adioustez plus de comble a mes malheurs,
Entreprendre une mort que le Ciel s'est gardée,
C'est preparer encor un triomphe à Medée
Tourne auec plus d'effet sur toy mesme ton bras,
Et puny toy Iason, de ne la punir pas,
Vains transports ou sans fruit mon desespoir s'a-
　　muse,
Cessez de m'empescher de reioindre Creüse,

Ma Reine, ta belle ame, en partant de ces lieux
Ma laissé la vangeance, & ie la laisse aux Dieux,
Eux seuls, dont le pouuoir esgale la iustice
Peuuent de la sorciere acheuer le supplice,
Trouue le bon chere ombre & pardonne a mes feux
Si ie te vay reuoir plustost que tu ne veux.

FIN.

ANTIQVA   ALIA ES
FERME   HORACE   HOR.nt
TRAGEDIE
A PARIS
Chez Augustin
Courbe
1641

HORACE,
TRAGEDIE.

A PARIS,

Chez AVGVSTIN COVRBE', Libraire & Imprimeur de
Monsieur frere du Roy, dans la petite Salle du
Palais, à la Palme.

M. DC. XXXXI.

AVEC PRIVILEGE DV ROY.

A
MONSEIGNEVR.
MONSEIGNEVR
LE CARDINAL
DVC
DE
RICHELIEV.

ONSEIGNEVR,

Ie n'aurois iamais eu la temerité

é

EPISTRE.

de presenter à VOSTRE EMI-
NENCE ce mauuais portrait d'Horace, si ie n'eusse consideré qu'apres
tant de bien-faits, que i'ay reçeus d'elle, le silence où mon respect m'a retenu
iusqu'à present, passeroit pour ingratitude, & que quelque iuste defiance
que i'aye de mon trauail, ie dois auoir
encore plus de confiance en vostre bonté. C'est d'elle que ie tiens tout ce que
ie fais; & ce n'est pas sans rougir que
pour toute reconnoissance ie vous fais
vn present si peu digne de Vous, &
si peu proportionné à ce que ie vous
dois. Mais dans cette confusion, qui
m'est commune auec tous ceux qui es-
criuent, i'ay cét aduantage, qu'on ne
peut sans quelque iniustice condam-
ner mon choix, & que ce genereux
Romain que ie mets aux piés de V. E.

eust pû paroistre deuant elle auec moins
de honte , si les forces de l'Artisan
eussent respondu à la dignité de la
matiere. I'en ay pour garand l'Autheur dont ie l'ay tirée , qui commence
à décrire cette fameuse Histoire par ce
glorieux Eloge , qu'il n'y a presque
aucune chose plus noble dans toute
l'Antiquité. Ie voudrois que ce qu'il
a dit de l'action se peust dire de la
peinture que i'en ay faite , non pour
en tirer plus de vanité, mais seulement
pour vous offrir quelque chose vn peu
moins indigne de vous estre offert. Le
suiet estoit capable de plus de graces
s'il eust esté traité d'vne main plus
sçauante , mais du moins il a reçeu
de la mienne toutes celles qu'elle estoit
capable de luy donner, & qu'on pouuoit
raisonnablement attendre d'vne Muse

de Prouince, qui n'estant pas assez heureuse pour ioüir souuent des regards de V. E. n'a pas les mesmes lumieres à se conduire qu'ont celles qui en sont continuellement esclairées. Et certes, MONSEIGNEVR, ce changement visible qu'on remarque en mes Ouurages, depuis que i'ay l'honneur d'estre à V. E. qu'est-ce autre chose qu'vn effet des grandes Idées qu'elle m'inspire quand elle daigne souffrir que ie luy rende mes deuoirs ; & à quoy peut-on attribuer ce qui s'y mesle de mauuais qu'aux teirtures grossieres que ie reprends quand ie demeure abandonné à ma propre foiblesse ? Il faut, MONSEIGNEVR, que tous ceux qui donnent leurs veilles au Theatre, publient hautement auec moy que nous

vous auons deux obligations tres-si-
gnalées ; l'vne d'auoir ennobly le but
de l'Art, l'autre de nous en auoir
facilité les connoissances. Vous auez
ennobly le but de l'Art, puis qu'au
lieu de celuy de plaire au peuple,
que nous prescriuent nos Maistres,
& dont les deux plus honnestes gens
de leur siecle, Scipion & Lælie ont autrefois protesté de se contenter, vous
nous auez donné celuy de vous plaire & de vous diuertir ; & qu'ainsi
nous ne rendons pas vn petit seruice à
l'Estat, puisque contribuant à vos di-
uertissemens, nous contribuons à l'entretien d'vne santé qui luy est si precieuse & si necessaire. Vous nous en auez
facilité les connoissances puisque nous
n'auons plus besoin d'autre estude pour
les acquerir, que d'attacher nos yeux

sur V. E. quand elle honore de sa pre-
sence & de son attention le recit de
nos Poëmes. C'est là que lisant sur
son visage ce qui luy plaist, & ce
qui ne luy plaist pas, nous nous in-
struisons auec certitude de ce qui est
bon, & de ce qui est mauuais, &
tirons des regles infaillibles de ce
qu'il faut suiure & de ce qu'il faut
euiter. C'est là que i'ay souuent ap-
pris en deux heures ce que mes li-
ures n'eussent pû m'apprendre en dix
ans ; c'est là que i'ay puisé ce qui m'a
valu l'applaudissement du Public, &
c'est là qu'auec vostre faueur i'espe-
re puiser assez pour estre vn iour vne
œuure digne de vos mains. Ne trou-
uez donc pas mauuais, MONSEI-
GNEVR, que pour vous remercier
de ce que i'ay de reputation dont ie

vous suis entierement redeuable, i'em-
prunte quatre vers d'vn autre Horace que celuy que ie vous presente, &
que ie vous exprime par eux les plus
veritables sentimens de mon ame.

Totum muneris hoc tui est
Quod monstror digito prætereuntium
Scenæ, non leuis artifex,
Quod spiro & placeo, si placeo, tuum est.

Ie n'adiousteray qu'vne verité à celle-
cy, en vous suppliant de croire que ie
suis & seray toute ma vie tres-pas-
sionnement,

MONSEIGNEVR,

De V. E.

Le tres-humble, tres-obeissant
& tres-fidelle seruiteur,
CORNEILLE.

LES ACTEVRS.

TVLLE, Roy de Rome.

Le vieil HORACE, Cheualier Romain.

HORACE son fils.

CVRIACE, Gentil-homme d'Albe, Amant de
Camille.

VALERE, Cheualier Romain, amoureux de
Camille.

SABINE, femme d'Horace, & sœur de Curiace.

CAMILLE, Amante de Curiace, & sœur d'Horace.

IVLIE, Dame Romaine, Confidante de Sabine & de Camille.

FLAVIAN, soldat de l'armée d'Albe.

PROCVLE, soldat de l'armée de Rome.

La Scene est à Rome dans vne salle de la
maison d'Horace.

HORACE

HORACE
TRAGEDIE.

ACTE PREMIER.

SCENE PREMIERE.

SABINE. IVLIE.

SABINE.

PPROVVEZ *ma foiblesse, & souf-
frez ma douleur,*
*Elle n'est que trop iuste en vn si grand
mal-heur;*
Si prez de voir sur soy fondre de tels orages,
L'esbranlement sied bien aux plus fermes courages,

A

Et l'esprit le plus masle & le moins abbatu
Ne sçauroit sans desordre exercer sa vertu.
Quoy que le mien s'estonne à ces rudes alarmes,
Le trouble de mon cœur ne peut rien sur mes larmes,
Et parmy les soûpirs qu'il pousse vers les Cieux,
Ma constance du moins regne encor sur mes yeux.
Quand on arreste là les déplaisirs d'vne ame,
Si l'on fait moins qu'vn homme, on fait plus qu'vne
Commander à ses pleurs en cette extremité, [*femme:*
C'est monstrer pour le sexe assez de fermeté.

IVLIE.

C'en est assés, & trop pour vne ame commune,
Qui du moindre peril n'attend qu'vne infortune;
D'vn tel abaissement vn grand cœur est honteux,
Il ose esperer tout dans vn succés douteux.
Les deux camps sont rangez au pied de nos murailles,
Mais Rome ignore encor comme on perd des batailles,
Loin de trembler pour elle, il luy faut applaudir,
Puis qu'elle va combatre, elle va s'agrandir.
Bannissés, bannissés vne frayeur si vaine,
Et conceués des vœux dignes d'vne Romaine.

SABINE.

Ie suis Romaine, hélas! puisque mon espoux l'est;
L'Hymen me fait de Rome embrasser l'interest,

Mais il tiendroit mon ame en esclaue enchaisnée,
S'il m'ostoit le penser des lieux où ie suis née.
Albe où i'ay commencé de respirer le iour,
Albe mon cher pays & mon premier amour,
Quand entre nous & toy ie voy la guerre ouuerte,
Ie crains nostre victoire autant que nostre perte.
Rome, si tu te plains que c'est là te trahir,
Fay-toy des ennemis que ie puisse hair :
Quand ie voy de tes murs leur armée & la nostre,
Mes trois freres dans l'vne, & mon mary dans l'autre,
Puis-ie former des vœux, & sans impieté
Importuner le Ciel pour ta felicité ?
Ie sçay que ton Estat encore en sa naissance
Ne sçauroit, sans la guerre, affermir sa puissance :
Ie sçay qu'il doit s'accroistre, & que tes bons Destins
Ne le borneront pas chez les peuples Latins,
Que les Dieux t'ont promis l'Empire de la terre,
Et que tu n'en peux voir l'effet que par la guerre.
Bien loin de m'opposer à cette noble ardeur
Qui suit l'arrest des Dieux, & court à ta grandeur,
Ie voudrois déja voir tes troupes couronnées
D'vn pas victorieux franchir les Pyrenées
Va iusque en l'Orient pousser tes bataillons,
Va sur les bords du Rhin planter tes pauillons,
Fay trembler sous tes pas les colomnes d'Hercule,
Mais respecte vne ville à qui tu dois Romule ;

Ingrate, souuien-toy que du sang de ses Rois
Tu tiens ton nom, tes murs, & tes premieres loix:
Albe est ton origine, arreste, & considere
Que tu portes le fer dans le sein de ta mere,
Tourne ailleurs les efforts de tes bras triomphans,
Sa joye esclatera dans l'heur de ses enfans,
Et se laissant rauir à l'amour maternelle,
Ses vœux seront pour toy, si tu n'es plus contre elle.

IVLIE.

Ce discours me surprend, veu que depuis le temps
Qu'on a contre son peuple armé nos combatans,
Ie vous ay veu pour elle autant d'indifference,
Que si dedans nos murs vous auiez pris naissance:
I'admirois la Vertu qui reduisoit en vous
Vos plus chers interests à ceux de vostre espous,
Et ie vous consolois au milieu de vos plaintes,
Comme si nostre Rome eust fait toutes vos craintes.

SABINE.

Tant qu'on ne s'est choqué qu'en de legers combats,
Trop foibles pour ietter vn des partis a bas,
Tant qu'vn espoir de paix a peu flater ma peine,
Oüy, i'ay fait vanité d'estre toute Romaine.
Si i'ay veu Rome heureuse auec quelque regret,
Soudain i'ay condamné ce mouuement secret;

Et ſi i'ay reſſenty dans ſes deſtins contraires
Quelque maligne ioye en faueur de mes freres,
Soudain pour l'eſtouffer rappellant ma raiſon,
I'ay pleuré quand la gloire entroit dans leur maiſon.
Mais auiourd'huy qu'il faut que l'vne ou l'autre tombe,
Qu'Albe deuienne eſclaue, ou que Rome ſuccombe,
Et qu'apres la bataille il ne demeure plus
Ny d'obſtacle aux vainqueurs, ny d'eſpoir aux vaincus,
I'aurois pour mon pays vne cruelle haine
Si ie pouuois encore eſtre toute Romaine,
Et ſi ie demandois voſtre triomphe aux Dieux,
Au prix de tant de ſang qui m'eſt ſi precieux.
Ie m'attache vn peu moins aux intereſts d'vn homme,
Ie ne ſuis point pour Albe, & ne ſuis plus pour Rome,
Ie crains pour l'vne & l'autre en ce dernier effort,
Et ſeray du party qu'affligera le ſort.
Eſgale à tous les deux, iuſques à la victoire,
Ie prendray part aux maux, ſans en prendre à la gloire,
Et garde, en attendant ſes funeſtes rigueurs,
Mes larmes aux vaincus, & ma haine aux vainqueurs.

IVLIE.

Qu'on voit naiſtre ſouuent de pareilles trauerſes
En des eſprits diuers des paſſions diuerſes,
Et qu'en cecy Camille agit bien autrement !
Son frere eſt voſtre eſpoux, le voſtre eſt ſon amant,

Mais elle voit d'vn œil bien different du voftre,
Son fang dans vne armée, & fon amour dans l'autre.
Lors que vous conferuiez vn efprit tout Romain,
Le fien irrefolu, tremblotant, incertain,
De la moindre meflée apprehendoit l'orage,
De tous les deux partis deteftoit l'auantage,
Au malheur des vaincus donnoit toufiours fes pleurs,
Et nourriffoit ainfi d'eternelles douleurs.
Mais hier, quand elle fceut qu'on auoit pris iournée,
Et qu'en fin la bataille alloit eftre donnée,
Vne foudaine joye efclata fur fon front.

SABINE.

Ah! que ie crains, Iulie, vn changement fi prompt?
Hier dans fa belle humeur elle entretint Valere,
Pour ce riual, fans doute, elle quitte mon frere,
Son efprit esbranlé par les objets prefens
Ne trouue point d'abfent aymable apres deux ans.
Mais excufez l'ardeur d'vne amour fraternelle,
Le foin que i'ay de luy me fait craindre tout d'elle,
Ie forme des foupçons d'vn fujet trop leger,
Le iour d'vne bataille eft mal propre à changer,
D'vn nouueau trait alors peu d'ames font bleffées,
Et dans vn fi grand trouble on a d'autres penfées:
Mais on n'a pas auffi de fi gays entretiens,
Ny de contentements qui foient pareils aux fiens.

IVLIE.

Les causes, comme à vous, m'en semblent fort obscures,
Ie ne me satisfais d'aucunes conjectures,
C'est assez de constance en vn si grand danger
Que de le voir, l'attendre, & ne point s'affliger,
Mais certes c'en est trop d'aller iusque à la joye.

SABINE.

Voyez qu'vn bon Genie à propos nous l'enuoye.
Essayez sur ce poinct à la faire parler,
Elle vous ayme assez pour ne vous rien celer,
Ie vous laisse. Ma sœur, entretenez Iulie,
I'ay honte de monstrer tant de melancolie,
Et mon cœur accablé de mille déplaisirs,
Cherche la solitude à cacher ses soûpirs.

SCENE II.
CAMILLE. IVLIE.

CAMILLE.

Pourquoy fuyr, & vouloir que ie vous entretienne?
Croit-elle ma douleur moins viue que la sienne,
Et que plus insensible à de si grands malheurs
A mes tristes discours ie mesle moins de pleurs?
De pareilles frayeurs mon ame est alarmée,
Comme elle ie perdray dans l'vne & l'autre armée,
Ie verray mon amant, mon plus vnique bien,
Mourir pour son pays, ou destruire le mien :
Et cét objet d'amour deuenir pour ma peine
Ou digne de mes pleurs, ou digne de ma haine.
Helas !

IVLIE.

Elle est pourtant plus à plaindre que vous ;
On peut changer d'amant, mais non changer d'espous.
Oubliez Curiace, & receuez Valere,
Vous ne tremblerez plus pour le party contraire,

Vous

Vous serez toute noſtre, & voſtre eſprit remis
N'aura plus rien à perdre au camp des ennemis.

CAMILLE.

Donnez-moy des conſeils qui ſoient plus legitimes,
Et plaigneZ mes malheurs ſans m'ordonner des crimes:
Quoy qu'à peine à mes maux ie puiſſe reſiſter,
I'ayme mieux les ſouffrir, que de les meriter.

IVLIE.

Quoy? vous appellez crime vn change raiſonnable?

CAMILLE.

Quoy? le manque de foy vous ſemble pardonnable?

IVLIE.

Enuers vn ennemy qui nous peut obliger?

CAMILLE.

D'vn ſerment ſolennel qui nous peut deſgager?

IVLIE.

Vous deſguiſez en vain vne choſe trop claire,
Ie vous vis encore hier entretenir Valere,
Et l'accueil gracieux qu'il receuoit de vous
Luy permet de nourrir vn eſpoir bien plus doux.

B

CAMILLE.

Si ie l'entretins hier & luy fis bon visage,
N'en imaginez rien qu'à son desaduantage,
De mon contentement vn autre estoit l'objet,
Mais pour sortir d'erreur sçachez-en le sujet,
Ie garde à Curiace vne amitié trop pure
Pour souffrir plus long-temps qu'on m'estime parjure.
Quelques cinq ou six mois apres que de sa sœur
L'Hymenée eust rendu mon frere possesseur
(Vous le sçauez Iulie) il obtint de mon pere
Que de ses chastes feux ie serois le salaire.
Ce iour nous fut propice & funeste a la fois,
Vnissant nos maisons il des-vnit nos Rois,
Vn mesme instant conclud nostre Hymen, & la guerre,
Fit naistre nostre espoir & le jetta par terre,
Nous osta tout si tost qu'il nous eust tout promis,
Et nous faisant amants il nous fit ennemis.
Combien nos desplaisirs parurent lors extrémes,
Combien contre le Ciel il vomit de blasphémes,
Et combien de ruisseaux coulerent de mes yeux,
Ie ne vous le dy point, vous vistes nos Adieux:
Vous auez veu depuis les troubles de mon ame,
Vous sçauez pour la paix quels vœux a faits ma flame,
Et quels pleurs i'ay versés à chaque euenement
Tantost pour mon pays, tantost pour mon amant.

En fin mon defefpoir parmy ces longs obftacles
M'a fait auoir recours à la voix des oracles,
Efcoutés fi celuy qui me fut hier rendu
Eut droit de r'affeurer mon efprit efperdu.
Ce Grec fi renommé qui depuis tant d'années
Au pied de l'Auentin predit nos deftinées,
Luy qu'Apollon iamais n'a fait parler à faux
Me promit par ces vers la fin de mes trauaux.

    Albe & Rome demain prendront vne autre face,
    Tes vœux font exaucés, elles auront la paix,
    Et tu feras vnie auec ton Curiace
    Sans qu'aucun mauuais fort t'en fepare iamais.

Ie pris fur cet Oracle vne entiere affeurance,
Et comme le fuccés paffoit mon efperance
I'abandonnay mon ame à des rauiffemens
Qui paffoient les tranfports des plus heureux amants.
Iugez de leur excés. Ie rencontray Valere,
Et contre fa couftume il ne me pût déplaire,
Il me parla d'amour fans me donner d'ennuy,
Ie ne m'apperceus pas que ie parlois à luy,
Ie ne luy pûx monftrer de mefpris ny de glace,
Tout ce que ie voyois me fembloit Curiace,
Tout ce qu'on me difoit me parloit de fes feux,
Tout ce que ie difois l'affeuroit de mes vœux.
Le combat general auiourd'huy fe hazarde,
I'en fceus hier la nouuelle, & ie n'y pris pas garde,

              B ij

Mon esprit rejettoit ces funestes objets
Charme des doux pensers d'Hymen & dela paix.
La nuict a dißipé des erreurs si charmantes,
Mille songes affreux, mille images sanglantes,
Ou plustost mille amas de carnage & d'horreur
M'ont arraché ma joye & rendu ma terreur.
I'ay veu du sang, des morts, & n'ay rien veu de suite,
Vn spectre en paroissant prenoit soudain la fuite,
Ils s'effaçoient l'vn l'autre, & chaque illusion
Redoubloit mon effroy par sa confusion.

IVLIE.

C'est en contraire sens qu'vn songe s'interprete.

CAMILLE.

Ie le dois croire ainsi puis que ie le souhaite,
Mais ie me trouue en fin malgré tous mes souhaits
Au iour d'vne bataille & non pas d'vne paix.

IVLIE.

Par là finit la guerre, & la paix luy succéde.

CAMILLE.

Dure à iamais le mal s'il y faut ce reméde!
Soit que Rome y succombe, ou qu'Albe ait le dessous,
Cher amant, n'attends plus d'estre vn iour mon espoux,

Mon cœur(quelque grand feu qui pour toy le consomme)
Ne veut ny le vainqueur, ny l'esclaue de Rome.
Mais quel objet nouueau se presente en ces lieux?
Est-ce toy Curiace? en croiray-ie mes yeux?

SCENE III.

CVRIACE. CAMILLE. IVLIE.

CVRIACE.

N'En doutés point, Camille, & reuoyés vn homme
Qui n'est ny le vainqueur, ny l'esclaue de Rome :
Cessés d'apprehender de voir rougir mes mains
Du poids honteux des fers ou du sang des Romains.
I'ay creu que vous aymiez assés Rome & la gloire
Pour mespriser ma chaisne & hayr ma victoire,
Et comme esgalement en cette extremité
Ie craignois la victoire & la captiuité....

CAMILLE.

Curiace, il suffit, ie deuine le reste,
Tu fuis vne bataille à tes vœux si funeste,

Et ton cœur tout à moy pour ne me perdre pas
Desrobe à ton pays le secours de ton bras.
Qu'vn autre considere icy ta renommée,
Et te blasme s'il veut de m'auoir trop aymée,
Ce n'est point à Camille à t'en meseitimer,
Plus ton amour paroist, plus elle doit t'aymer,
Et si tu dois beaucoup aux lieux qui t'ont veu naistre,
Plus tu quittes pour moy plus tu le fais paroistre.
Mais as tu veu mon pere, & peut-il endurer
Qu'ainsi dans sa maison tu t'oses retirer?
Ne prefere-t'il point l'Estat à sa famille?
Ne regarde-t'il point Rome plus que sa fille?
En fin nostre bon-heur est-il bien affermy?
Ta t'il veu comme gendre ou bien comme ennemy?

CVRIACE.

Il m'a veu comme gendre auec vne tendresse
Qui tesmoignoit assez vne entiere allegresse,
Mais il ne m'a point veu par vne trahison
Indigne de l'honneur d'entrer dans sa maison.
Ie n'abandonne point l'interest de ma ville,
I'ayme encor mon honneur en adorant Camille;
Tant qu'a duré la guerre on ma veu constamment
Aussi bon citoyen comme fidelle amant.
D'Albe auec mon amour i'accordois la querelle,
Ie soupirois pour vous en combatant pour elle;

Et s'il falloit encor que l'on en vint aux coups
Ie combatrois pour elle en soupirant pour vous.
Oüy, malgré les desirs de mon ame charmée
Si la guerre duroit ie serois dans l'armée :
C'est la paix qui chez vous me donne vn libre accés,
La paix a qui nos feux doiuent ce beau succés.

CAMILLE.

La paix ! & le moyen de croire vn tel miracle ?

IVLIE.

Camille, pour le moins croyez en vostre oracle,
Et sçachons pleinement par quels heureux effets
L'heure d'vne bataille a produit cette paix.

CVRIACE.

Dieux, qui l'eust iamais creu ! Desia les deux armées
D'vne esgale chaleur au combat animées
Se menaçoient des yeux, & marchant fierement
N'attendoient pour donner que le commandement,
Quand nostre Dictateur deuant les rangs s'auance
Demande à vostre Prince vn moment de silence,
Et l'ayant obtenu, Que faisons-nous, Romains,
Dit-il, & quel Demon nous fait venir aux mains ?
Souffrons que la raison esclaire en fin nos ames,
Nous sommes vos voisins, nos filles sont vos femmes,

Et l'Hymen nous a joints par tant & tant de nœuds
Qu'il est peu de nos fils qui ne soient vos neueux.
Nous ne sommes qu'vn sang, & qu'vn peuple en deux
Pourquoy nous deschirer par des guerres ciuiles　[villes,
Où la mort des vaincus affoiblit les vainqueurs,
Et le plus beau triomphe est arrousé de pleurs ?
Nos ennemis communs attendent auec joye
Qu'vn des partis deffait leur donne l'autre en proye,
Lasse, demy rompu, vainqueur, mais pour tout fruit
Desnué d'vn secours par luy-mesme destruit.
Ils ont assés long-temps iouy de nos diuorces,
Contre eux d'oresnauant ioignons toutes nos forces,
Et noyons dans l'oubly ces petits differents
Qui de si bons guerriers font de mauuais parents.
Que si l'ambition de commander aux autres
Fait marcher auiourd'huy vos troupes & les nostres,
Pourueu qu'à moins de sang nous voulions l'appaiser,
Elle nous vnira loin de nous diuiser.
Nommons des combatans pour la cause commune,
Que chaque peuple aux siens attache sa fortune,
Et suiuant ce que d'eux ordonnera le sort,
Que le party plus foible obeisse au plus fort :
Mais sans indignité pour des guerriers si braues,
Qu'ils deuiennent suiets sans deuenir esclaues,
Sans honte, sans tribut & sans autre rigueur
Que de suiure en tous lieux les drapeaux du vainqueur.
Ainsi

Ainſi nos deux Eſtats ne feront qu'vn Empire.
A ces mots il ſe taiſt, d'aiſe chacun ſoupire,
Chacun iettant les yeux dans vn rang ennemy
Recognoiſt vn beau frere, vn couſin, vn amy,
Ils s'eſtonnent comment leurs mains de ſang auides
Voloient ſans y penſer à tant de parricides,
Et font paroiſtre vn front couuert tout à la fois
D'horreur pour la bataille, & d'ardeur pour ce choix.
En fin l'offre s'accepte, & la paix deſirée
Sous ces conditions eſt auſſi-toſt iurée,
Trois combatront pour tous, mais pour les mieux choiſir
Nos chefs ont voulu prendre vn peu plus de loiſir,
Le voſtre eſt au Senat, le noſtre dans ſa tente.

CAMILLE.

O Dieux, que ce diſcours rend mon ame contente !

CVRIACE.

Dans deux heures au plus par vn commun accord
Le ſort de nos guerriers reglera noſtre ſort,
Cependant tout eſt libre attendant qu'on les nomme,
Rome eſt dans noſtre camp, & noſtre camp dans Rome,
D'vn & d'autre coſté l'accés eſtant permis
Chacun va renoüer auec ſes vieux amis.
Pour moy, ma paſſion m'a fait ſuiure vos freres,
Et mes deſirs ont eu des ſuccés ſi proſperes,

C

Que l'autheur de vos iours ma promis à demain
Le bon-heur sans pareil de vous donner la main.
Vous ne deuiendrés pas rebelle à sa puissance ?

CAMILLE.

Le deuoir d'vne fille est en l'obeyssance.

CVRIACE.

Venés donc receuoir ce doux commandement
Qui doit mettre le comble à mon contentement.

CAMILLE.

Ie vay suiure vos pas, mais pour reuoir mes freres,
Et sçauoir d'eux encor la fin de nos miseres.

IVLIE.

Allés, & cependant au pied de nos autels
I'iray rendre pour vous graces aux immortels.

Fin du premier Acte.

ACTE II.

SCENE PREMIERE.

HORACE. CVRIACE.

CVRIACE.

AINSI Rome n'a point separé son estime,
Elle eust creu faire ailleurs vn choix illegi-
   time,
Cette superbe ville en vos freres & vous
Trouue les trois guerriers qu'elle prefere à tous,
Et ne nous opposant d'autres bras que les vostres
D'vne seule maison braue toutes les nostres :
Nous croirons, la voyant toute entiere en vos mains,
Que hors les fils d'Horace il n'est point de Ro-
   mains :
Ce choix pouuoit combler trois familles de gloire,
Consacrer hautement leurs noms à la memoire,

C ij

Ouy, l'honneur que reçoit la voftre par ce choix
En pouuoit à bon tiltre immortalifer trois,
Et puifque c'eft chez vous que mon heur & ma flamie
M'ont faict placer ma fœur, & choifir vne femme,
Ce que ie vous dois eftre & ce que ie vous fuis
Me font y prendre part autant que ie le puis.
Mais vn autre intereft tient ma ioye en contrainte
Et parmy fes douceurs mefle beaucoup de crainte ;
La guerre en tel efclat a mis voftre valeur
Que ie tremble pour Albe & preuoy fon malheur,
Puifque vous combatés fa perte eft affeurée,
En vous faifant nommer le deftin la iurée.
Ie voy trop dans ce choix fes funeftes projets
Et me conte defia pour vn de vos fuiets.

HORACE.

Loin de trembler pour Albe, il vous faut plaindre Rome
Veu ceux qu'elle reiette & les trois qu'elle nomme,
C'eft vn aueuglement pour elle bien fatal
D'auoir tant à choifir & de choifir fi mal.
Mille de fes enfans beaucoup plus dignes d'elle
Pouuoient bien mieux que nous fouftenir fa querelle ;
Mais quoy que ce combat me promette vn cercueil
La gloire de ce choix m'enfle d'vn iufte orgueil,
Mon efprit en conçoit vne mafle affeurance,
I'ofe efperer beaucoup de mon peu de vaillance,

Et du sort enuieux quels que soient les proiets
Ie ne me conte point pour vn autre suiets.
Rome a trop creu de moy, mais mon ame assise
Remplira son attente ou quittera la vie.
Qui veut mourir, ou vaincre, est vaincu rarement,
Ce noble desespoir perit malaisement:
Rome, quoy qu'il en soit, ne sera point suiette
Que mes derniers soupirs n'asseurent ma defaite.

CVRIACE.

Helas, c'est bien icy que ie dois estre plaint!
Ce que veut mon pays, mon amitié le craint.
Dures extremités, de voir Albe asseruie
Où sa victoire au prix d'vne si chere vie,
Et que l'vnique bien où tendent ses desirs
S'achepte seulement par vos derniers soupirs!
Quels vœux puisse former, & quel bonheur attendre?
De tous les deux costés i'ay des pleurs a respandre,
De tous les deux costés mes desirs sont trahis.

HORACE.

Quoy! vous me pleureriez mourant pour mon pays!
Pour vn cœur genereux ce trespas a des charmes,
La gloire qui le suit ne souffre point de larmes,
Et ie le receurois en benissant mon sort
Si Rome & tout l'Estat perdoient moins à ma mort.

CVRIACE.

A vos amis pourtant permettez de le craindre,
Dans vn si beau trespas ils sont les seuls à plaindre,
La gloire en est pour vous & la perte pour eux,
Il vous fait immortel & les rend malheureux,
On perd tout quand on perd vn amy si fidelle.
Mais Flauian m'apporte icy quelque nouuelle,
Albe de trois guerriers à t'elle fait le choix ?

SCENE II.

HORACE. CVRIACE FLAVIAN.

FLAVIAN.

Ie *viens pour vous l'apprendre.*

CVRIACE.

                Et bien, qui sont les trois ?

FLAVIAN.

Vos deux freres & vous.

CVRIACE.

Quy ?

FLAVIAN.

> *Vous & vos deux freres.*
Mais pourquoy ce front triste & ces regards seueres,
Ce choix vous desplaist-il ?

CVRIACE.

> *Non , mais il me surprend ;*
Ie m'estimois trop peu pour vn honneur si grand.

FLAVIAN.

Diray-ie au Dictateur qui deuers vous m'enuoye
Que vous le receuez auec si peu de ioye ?
Ce morne & froid accueil me surprend à mon tour.

CVRIACE.

Dy luy que l'amitié , l'alliance & l'amour
Ne pourront empescher que les trois Curiaces
Ne seruent leur pays contre les trois Horaces.

FLAVIAN.

Contre eux! ah, c'est beaucoup me dire en peu de mots!

CVRIACE.

Porte luy ma response & nous laisse en repos.

SCENE III.

HORACE. CVRIACE.

CVRIACE.

QVE desormais le Ciel, les Enfers, & la terre
Vnissent leurs fureurs à nous faire la guerre,
Que les hommes, les Dieux, les Demons & le sort
Preparent contre nous vn general effort,
Ie mets à faire pis en l'estat où nous sommes,
Le sort, & les Demons, & les Dieux & les hommes,
Ce qu'ils ont de cruel, & d'horrible & d'affreux,
L'est bien moins que l'honneur qu'on nous fait a tous
　　deux.

HORACE.

HORACE.

Le sort qui de l'honneur nous ouure la barriere
Offre à nostre constance vne illustre matiere,
Il espuise sa force à former vn malheur
Pour mieux se mesurer auec nostre valeur,
Comme il ne nous prend pas pour des ames com-
  munes
Hors de l'ordre commun il nous fait des fortunes.
Combatre vn ennemy pour le salut de tous,
Et contre vn incognu s'exposer seul aux coups,
D'vne simple vertu c'est l'effet ordinaire,
Mille desia l'ont fait, mille pourroient le faire,
Mourir pour le pays est vn si digne sort
Qu'on brigueroit en foule vne si belle mort.
Mais vouloir au public immoler ce qu'on ayme,
S'attacher au combat contre vn autre soy-mesme,
Attaquer vn party qui prend pour defenseur
Le frere d'vne femme & l'amant d'vne sœur,
Et rompant tous ces nœuds s'armer pour la patrie
Contre vn sang qu'on voudroit rachepter de sa vie,
Vne telle vertu n'appartenoit qu'à nous,
L'esclat de son grand nom luy fait peu de ialoux,
Et peu d'hommes au cœur l'ont assés imprimée
Pour oser aspirer à tant de renommée.

D

CVRIACE.

Il est vray que nos noms ne sçauroient plus perir,
L'occasion est belle, il nous la faut cherir,
Nous serons les miroirs d'vne vertu bien rare :
Mais vostre fermeté tient vn peu du barbare,
Peu, mesme des grands cœurs, tireroient vanité
D'aller par ce chemin à l'immortalité,
A quelque prix qu'on mette vne telle fumée
L'obscurité vaut mieux que tant de renommée.
Pour moy, ie l'ose dire, & vous l'auez peu voir,
Ie n'ay point consulté pour suiure mon deuoir,
Nostre longue amitié, l'amour, n'y l'alliance
N'ont peu mettre vn moment mon esprit en balance,
Et puisque par ce choix Albe monstre en effet
Qu'elle m'estime autant que Rome vous a fait,
Ie croy faire pour elle autant que vous pour Rome,
I'ay le cœur aussi bon, mais en fin ie suis homme.
Ie voy que vostre honneur gist à verser mon sang,
Que tout le mien consiste à vous percer le flanc,
Prest d'espouser la sœur qu'il faut tuer le frere,
Et que pour mon pays i'ay le sort si contraire ;
Encor qu'à mon deuoir ie coure sans terreur,
Mon cœur s'en effarouche, & i'en fremis d'horreur,
I'ay pitié de moy mesme, & iette vn œil d'enuie
Sur ceux dont nostre guerre à consommé la vie,

Sans souhait toutefois de pouuoir reculer,
Ce triste & fier honneur m'esmeut sans m'ébransler,
I'ayme ce qu'il me donne, & ie plains ce qu'il m'oste,
Et si Rome demande vne vertu plus haute
Ie rends graces aux Dieux de n'estre pas Romain,
Pour conseruer encor quelque chose d'humain.

HORACE.

Si vous n'estes Romain, soyés digne de l'estre,
Et si vous m'esgalés faites le mieux paroistre.
La solide vertu dont ie fais vanité
N'admet point de foiblesse auec sa fermeté,
Et c'est mal de l'honneur entrer dans la carriere
Que dés le premier pas regarder en arriere.
Nostre malheur est grand, il est au plus haut point
Ie l'enuisage entier, mais ie n'en fremis point.
Contre qui que ce soit que mon pays m'employe
I'accepte aueuglement cette gloire auec ioye,
Celle de receuoir de tels commandements
Doit estouffer en nous tous autres sentiments,
Qui prés de le seruir considere autre chose
A faire ce qu'il doit laschement se dispose,
Ce droit saint & sacré rompt tout autre lien,
Rome à choisy mon bras, ie n'examine rien,
Auec vne allegresse aussi pleine & sincere
Que i'espousay la sœur, ie combátray le frere.

D ij

Et pour trancher en fin ces discours superflus
Albe vous à nommé , ie ne vous cognois plus.

CVRIACE.

Ie vous cognois encor, & c'est ce qui me tue ;
Mais ceste aspre vertu ne m'estoit pas connuë,
Comme nostre malheur elle est au plus haut point,
Souffrés que ie l'admire , & ne l'imite point.

HORACE.

Non , non, n'embrassés pas de vertu par contrainte,
Et puisque vous trouuez plus de charme à la plainte;
En toute liberté goustés vn bien si doux,
Voicy venir ma sœur pour se plaindre auec vous.
Ie voy reuoir la vostre , & resoudre son ame
A se ressouuenir qu'elle est tousiours ma femme,
A vous aymer encor si ie meurs par vos mains,
Et prendre en son malheur des sentimens Romains.

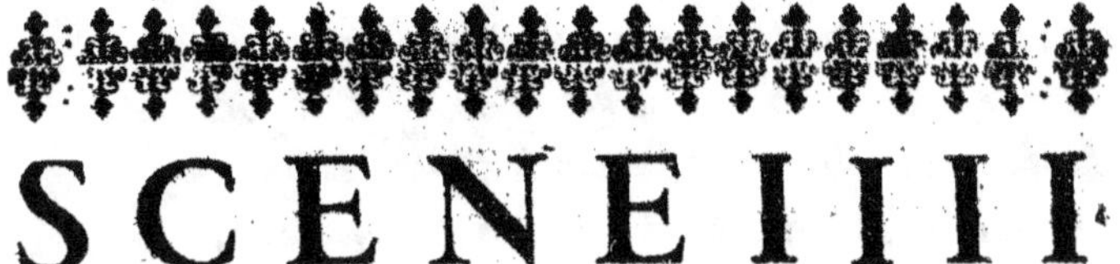

SCENE IIII.

HORACE. CVRIACE. CAMILLE.

HORACE.

Avez vous sceu l'estat qu'on fait de Curiace,
Ma sœur ?

CAMILLE.

Helas ! mon sort à bien changé de face.

HORACE.

Armez-vous de constance, & monstrés vous ma sœur,
Et si par mon trespas il retourne vainqueur,
Ne le receueZ point en meurtrier d'vn frere,
Mais en homme d'honneur qui fait ce qu'il doit faire,
Qui sert bien son pays & sçait monstrer à tous
Par sa haute vertu qu'il est digne de vous ;
Comme si ie viuois acheueZ l'Hymenée.
Mais si ce fer aussi tranche sa destinée
Faites à ma victoire vn pareil traitement,
Ne me reprocheZ point la mort de vostre amant.

D iij

Vos larmes vont couler, & vostre cœur se presse,
Consommés auec luy toute cette foiblesse,
Querellez Ciel & terre, & maudissez le sort,
Mais apres le combat ne pensez plus au mort.
Ie ne vous laisseray qu'vn moment auec elle,
Puis nous irons ensemble où l'honneur nous appelle.

S C E N E V.

HORACE. CAMILLE.

CAMILLE.

IRas-tu, ma chere ame, & ce funeste honneur
Te plaist-il aux despens de tout nostre bon-heur?

CVRIACE.

Helas, ie voy trop bien qu'il faut, quoy que ie face,
Mourir, ou de douleur, ou de la main d'Horace.
Ie vay comme au supplice à cét illustre employ,
Ie maudis mille fois l'estat qu'on fait de moy,
Ie hay cette valeur qui fait qu'Albe m'estime,
Ma flame au desespoir passe iusques au crime,

Elle se prend aux Dieux qu'elle ose quereller,
Ie vous plains, ie me plains, mais il y faut aller.

CAMILLE.

Non, ie te cognoy mieux, tu veux que ie te prie,
Et qu'ainsi mon pouuoir t'excuse à ta patrie.
Tu n'es que trop fameux par tes autres exploits,
Albe a receu par eux tout ce que tu luy dois,
Autre n'a mieux que toy soustenu cette guerre,
Autre de plus de morts n'a couuert cette terre,
Ton nom ne peut plus croistre, il ne luy manque rien,
Souffre qu'vn autre icy puisse ennoblir le sien.

CVRIACE.

Que ie souffre à mes yeux qu'on ceigne vne autre
    teste
Des lauriers immortels que la gloire m'appreste,
Où que tout mon pays reproche à ma vertu
Qu'il auroit triomphé si i'auois combatu,
Et que par mon amour, ma valeur endormie
Couronne tant d'exploits d'vne telle infamie ?
Non, Albe, apres l'honneur que i'ay receu de toy
Tu ne succomberas ny vaincras que par moy,
Tu m'as commis ton sort, ie t'en rendray bon conte,
Et viuray sans reproche, ou finiray sans honte.

CAMILLE.

Quoy! tu ne veux pas voir qu'ainſi tu me trahis!

CVRIACE.

Auant que d'eſtre à vous ie ſuis à mon pays.

CAMILLE.

Mais te priuer pour luy ·toy·meſme d'vn beau-frere,
Ta ſœur de ſon mary!

CVRIACE.

         Telle eſt noſtre miſere,
Le choix d'Albe & de Rome oſte toute douceur
Aux noms jadis ſi doux de beau·frere & de ſœur.

CAMILLE.

Viendras-tu point encor me preſenter ſa teſte
Et demander ma main pour prix de ta conqueſte?

CVRIACE.

Il n'y faut plus penſer, en l'eſtat où ie ſuis
Vous aymer ſans eſpoir c'eſt tout ce que ie puis.
Vous pleurés, ma chere ame.

                        CAMILLE.

CAMILLE.

Il faut bien que ie pleure,
Mon insensible amant ordonne que ie meure,
Et lors que nostre Hymen allume son flambeau
Il l'esteint de sa main pour m'ouurir le tombeau,
Ce cœur impitoyable à ma perte s'obstine,
Et dit qu'il m'ayme encor alors qu'il m'assassine.

CVRIACE.

Que les pleurs d'vne amante ont de puissants discours,
Et qu'vn bel œil est fort auec vn tel secours !
Que mon cœur s'attendrit à cette triste veuë !
Ma constance contre elle à regret s'euertuë
N'attaqués plus ma gloire auecque vos douleurs,
Et laissés moy sauuer ma vertu de vos pleurs ;
Ie sens qu'elle chancelle, & defend mal la place,
Plus ie suis vostre amant, moins ie suis Curiace,
Foible d'auoir desia combatu l'amitié
Vaincroit elle à la fois l'amour & la pitié ?
Allés, ne m'aymés plus, ne versez plus de larmes,
Où i'oppose l'offence à de si fortes armes,
Ie me defendray mieux contre vostre couroux,
Et pour le meriter, ie n'ay plus d'yeux pour vous,
Vangez vous d'vn ingrat, punissez vn volage.
Vous ne vous monstrez point sensible à cet outrage ?

E

Ie n'ay plus d'yeux pour vous, vous en auez pour
    moy!
En faut-il plus encor? ie renonce à ma foy.
Rigoureuse vertu dont ie suis la victime
Ne peux tu resister sans le secours d'vn crime?

CAMILLE.

Ne fay point d'autre crime, & i'atteste les Dieux
Qu'au lieu de t'en hayr, ie t'en aymeray mieux,
Ouy, ie te cheriray tout ingrat & perfide,
Et cesse d'aspirer au nom de fratricide.
Pourquoy suis-je Romaine, ou que n'es-tu Romain?
Ie te prepareroys des lauriers de ma main,
Ie t'encourageroys au lieu de te distraire,
Et ie te traiteroys comme i'ay fait mon frere.
Helas! i'estois aueugle, en mes vœux auiourd'huy
I'en ay fait contre toy quand i'en ay fait pour luy;
Il reuient, quel malheur si l'amour de sa femme
Ne peut non plus sur luy que le mien sur ton ame.

SCENE VI.

HORACE. CVRIACE. SABINE. CAMILLE.

CVRIACE.

Dieux! Sabine le fuit! Pour esbranler mon cœur
Eſt-ce peu de Camille? y joignez-vous ma ſœur?
Et laiſſant à ſes pleurs vaincre ce grand courage
L'amenez-vous icy chercher meſme aduantage.

SABINE.

Nõn, non, mon frere, non, ie ne viens en ce lieu
Que pour vous embraſſer, & pour vous dire Adieu,
Voſtre ſang eſt trop bon, n'en craignés rien de laſche,
Rien dont la fermeté de ces grands cœurs ſe faſche;
Si ce malheur illuſtre esbranloit l'vn de vous
Ie le deſaduoüerois pour frere ou pour eſpoux.
Pourray-ie toutefois vous faire vne priere
Digne d'vn tel eſpoux & digne d'vn tel frere?
Ie veux d'vn coup ſi noble oſter l'impieté,
A l'honneur qui l'attend rendre ſa pureté,

E   ij

La mettre en son esclat sans meslange de crimes,
En fin ie vous veux faire ennemis legitimes,
Du saint nœud qui vous ioint ie suis le seul lien,
Quand ie ne seray plus, vous ne vous serés rien,
Brisez vostre alliance & rompez en la chaisne,
Et puisque vostre honneur veut des effets de haine
Acheptés par ma mort le droit de vous hair,
Albe le veut & Rome, il faut leur obeyr,
Qu'vn de vous deux me tuë & que l'autre me vange,
Alors vostre combat n'aura plus rien d'estrange,
Et du moins l'vn des deux sera iuste aggresseur;
Ou pour vanger sa femme, ou pour vanger sa sœur.
Mais quoy? vous soüilleriés vne gloire si belle
Si vous vous animiez par quelque autre querelle,
Vostre zele au pays vous defend de tels soins,
Vous feriés peu pour luy si vous vous estiez moins,
Il luy faut, & sans haine, immoler vn beaufrere:
Nè differés donc plus ce que vous deués faire,
Commencés par sa sœur à respandre son sang,
Commencés par sa femme à luy percer le flanc,
Commencés par Sabine à faire de vos vies
Vn digne sacrifice à vos cheres patries,
Vous estes ennemis en ce combat fameux
Vous d'Albe, vous de Rome, & moy de toutes deux,
Quoy? me reseruez vous à voir vne victoire
Ou pour haut appareil d'vne pompeuse gloire

Ie verray les lauriers d'vn frere ou d'vn mary
Fumer encòr d'vn sang que i'auray tant chery :
Pourray-je entre vous deux regler alors mon ame ?
Satisfaire au deuoir & de sœur & de femme ?
Embrasser le vainqueur en pleurant le vaincu ?
Non, non, auant ce coup Sabine aura vescu,
Ma mort le preuiendra de qui que ie l'obtienne,
Le refus de vos mains y condamne la mienne.
Sus donc qui vous retient ? Allés, cœurs inhumains ;
I'auray trop de moyens pour y forcer vos mains,
Vous ne les aurés point au combat occupées
Que ce corps au milieu n'arreste vos espées,
Et malgré vos refus il faudra que leurs coups
Se fassent iour icy pour aller iusque à vous.

HORACE.

O ma femme !

CVRIACE.

O ma sœur !

CAMILLE.

Courage ils s'amollissent.

SABINE.

Vous pouſſez des ſouſpirs , vos viſages palliſſent !
Quelle peur vous ſaiſit ? ſont ce là ces grands cœurs,
Ces heros qu'Albe & Rome ont pris pour defenſeurs?

HORACE.

Femme , que t'ay-ie fait , & quelle eſt mon offence
Qui t'oblige à chercher vne telle vengeance ?
Que t'a fait mon honneur , femme , & pourquoy
    viens-tu
Auec toute ta force attaquer ma vertu ?
Du moins contente toy de l'auoir eſtonnée
Et me laiſſe acheuer cette grande iournée.
Tu me viens de reduire en vn eſtrange point ,
Ayme aſſez ton mary pour n'en triompher point,
Va t'en, & ne rends plus la victoire douteuſe,
La diſpute deſia m'en eſt aſſez honteuſe ,
Souffre qu'auec honneur ie termine mes iours.

SABINE.

Va, ceſſe de me craindre ; on vient à ton ſecours.

SCENE VII·

Le vieil HORACE. HORACE. CVRIACE.

SABINE. CAMILLE.

Le vieil HORACE.

QV'est-ce cy mes enfans ? escoutez vous vos flames,
Et perdez-vous encor le temps auec des femmes ?
Prests à verser du sang regardez-vous des pleurs ?
Fuyez & laissez les déplorer leurs malheurs,
Leurs plaintes ont pour vous trop d'art & de tendresse,
Elles vous feroient part en fin de leur foiblesse,
Et ce n'est qu'en fuyant qu'on pare de tels coups.

SABINE.

N'apprehendez rien d'eux, ils sont dignes de vous,
Malgré tous nos efforts vous en deuez attendre
Ce que vous souhaittez & d'vn fils & d'vn gendre,
Et si nostre foiblesse auoit peu les changer
Nous vous laissons icy pour les encourager.

Allons, ma sœur, allons, ne perdons point de larmes,
Contre tant de vertu ce sont de foibles armes,
Ce n'est qu'au desespoir qu'il nous faut recourir,
Tigres, allés combattre, & nous allons mourir.

SCENE VIII.

Le vieil HORACE, HORACE, CVRIACE.

HORACE.

Mon pere, retenés des femmes qui s'emportent,
Et de grace empeschez sur tout qu'elles ne sortët,
Leur amour importun viendroit auec esclat
Par des cris & des pleurs troubler nostre combat,
Et ce qu'elles nous font feroit qu'auec iustice
On nous imputeroit ce mauuais artifice,
L'honneur d'vn si beau choix seroit trop achepté
Si l'on nous soupçonnoit de quelque laschté.

Le vieil HORACE.

I'en auray soin, allez, vos freres vous attendent,
Ne pensez qu'aux deuoirs que vos pays demandent.

CVRIACE.

CVRIACE.

Quel Adieu vous diray-ie, & par quels complimens...

Le vieil HORACE.

Ah! n'attendrissez point icy mes sentimens,
Pour vous encourager ma voix manque de termes,
Mon cœur ne forme point de pensers assez fermes,
Moy-mesme en cét Adieu i'ay les larmes aux yeux,
Faites vostre deuoir, & laissés faire aux Dieux.

Fin du second Acte.

ACTE III.

SCENE PREMIERE.

SABINE.

RENONS party, mon ame, en de telles disgraces,
Soyons femme d'Horace, ou sœur des Curiaces,
Cessons de partager nos inutiles soins,
Souhaitons quelque chose, & craignons vn peu moins.
Mais las! quel party prendre en vn sort si contraire!
Quel ennemy choisir, d'vn espoux ou d'vn frere?
La nature ou l'amour parlent pour chacun d'eux,
Et la loy du deuoir m'attache à tous les deux.

Sur leurs hauts sentimens reglons plustost les nostres,
Soyons femme de bon ensemble & sœur des autres,
Regardons leur honneur comme vn souuerain bien,
Imitons leur constance, & ne craignons plus rien.
La mort qui les menace est vne mort si belle
Qu'il en faut sans frayeur attendre la nouuelle,
N'appellons point alors les destins inhumains,
Songeons pour quelle cause, & non par quelles mains,
Reuoyons les vainqueurs sans penser qu'à la gloire
Que toute leur maison reçoit de leur victoire,
Et sans considerer aux despens de quel sang
Leur vertu les esleue en cét illustre rang,
Faisons nos interests de ceux de leur famille,
En l'vne ie suis femme, en l'autre ie suis fille,
Et tiens à toutes deux par de si forts liens
Qu'on ne peut triompher que par les bras des miens.
Fortune, quelques maux que ta rigueur m'enuoye,
I'ay trouué les moyens d'en tirer de la ioye,
Et puis voir maintenant le combat sans terreur,
Les morts sans desespoir, les vainqueurs sans horreur.
Flateuse illusion, erreur douce & grossiere,
Vain effort de mon ame, impuissante lumiere
De qui le faux brillant prend droit de m'esblouir,
Que tu sçais peu durer, & tost t'esuanouir!
Pareille à ces esclairs qui dans le fort des ombres
Poussent vn iour qui fuit, & rend les nuits plus sombres,

F ij

Tu n'as frappé mes yeux d'vn moment de clarté
Que pour les abyſmer dans plus d'obſcurité.
Tu charmois trop ma peine, & le Ciel qui s'en faſche
Me vend deſia bien cher ce moment de relaſche,
Ie ſens mon triſte cœur percé de tous les coups
Qui m'oſtent maintenant vn frere, ou mon eſpoux.
Quand ie ſonge a leur mort, quoy que ie me propoſe,
Ie ſonge par quel bras, & non pour quelle cauſe,
Et ne voy les vainqueurs en leur illuſtre rang
Que pour conſiderer aux deſpens de quel ſang,
La maiſon des vaineus touche ſeule mon ame,
Et l'vne ie ſuis fille, en l'autre ie ſuis femme,
Et tiens a toutes deux par de ſi forts liens
Qu'on ne peut triompher que par la mort des miens.
C'eſt la donc cette paix que i'ay tant ſouhaitée!
Trop fauorables Dieux, vous m'auez eſcoutée!
Quels foudres lancés vous quand vous vous irrités
Si meſme vos faueurs ont tant de cruautez,
Et de quelle façon puniſſez vous l'offence
Si vous traités ainſi les vœux de l'innocence?

SCENE II.

SABINE. IVLIE.

SABINE.

EN est-ce fait, Iulie, & que m'apportez-vous ?
Est-ce la mort d'un frere, ou celle d'un espoux ?
Ou si le triste sort de leurs armes impies
De tous les combatans a fait autant d'hosties,
Et m'enuiant l'horreur que i'aurois des vainqueurs,
Pour tous tant qu'ils estoient ma condamnée aux pleurs ?

IVLIE.

Quoy, ce qui s'est passé vous l'ignorés encore ?

SABINE.

Vous faut-il estonner de ce que ie l'ignore,
Et ne sçauez vous point que de cette maison
Pour Camille & pour moy l'on fait vne prison ?
Iulie, on nous renferme, on a peur de nos larmes,
Sans cela nous serions au milieu de leurs armes ;

F iij

Et par les desespoirs d'vne chaste amitié
Nous aurions des deux camps tiré quelque pitié.

IVLIE.

Il n'estoit pas besoin d'vn si tendre spectacle,
Leur veuë à leur combat apporte assez d'obstacle,
Si tost qu'ils ont paru prests à se mesurer
Et l'vn & l'autre camp s'est mis à murmurer:
A voir de tels amis, des personnes si proches
Venir pour leur patrie aux mortelles approches,
L'vn s'esmeut de pitié, l'autre est saisi d'horreur,
L'autre d'vn si grand zele admire la fureur,
Tel porte iusque aux Cieux leur vertu sans'égale,
Et tel l'ose nommer sacrilege & brutale.
Ces diuers sentiments n'ont pourtant qu'vne voix,
Tous accusent leurs chefs, tous detestent leur choix,
Et ne pouuant souffrir vn combat si barbare
On s'escrie, on s'auance, en fin on les separe.

SABINE.

Que ie vous doy d'encens, grands Dieux qui m'e-
    xaucés!

IVLIE.

Vous n'estes pas, Sabine, encor où vous pensés,

Vous pouuez esperer, vous auez moins à craindre,
Mais il vous reste encore assez dequoy vous plain-
   dre.
En vain d'vn sort si triste on les veut garantir,
Ces cruels genereux n'y peuuent consentir,
La gloire de ce choix leur est si precieuse
Et charme tellement leur ame ambitieuse,
Qu'alors qu'on les deplore ils s'estiment heureux,
Et prennent pour affront la pitié qu'on a d'eux,
Le trouble des deux camps soüille leur renommée,
Ils combatront plustost & l'vne & l'autre armée,
Et mourront par les mains qui les ont separés
Que quitter les honneurs qui leur sont deferés.

SABINE.

Quoy ? dans leur dureté ces cœurs de fer s'obstinent!

IVLIE.

Ils le font, mais d'ailleurs les deux camps se muti-
   nent,
Et leurs cris des deux parts poussez en mesme temps
Demandent la bataille, ou d'autres combatans.
La presence des chefs à peine est respectée,
Leur pouuoir est douteux, leur voix mal escoutée,
Le Roy mesme s'estonne, & pour dernier effort,
Puisque chacun, dit-il, s'eschauffe en ce discord,

Confultons des grands Dieux la Majefté facrée
Et voyons fi ce change à leurs bontez agrée;
Quel impie fera fe prendre à leur vouloir,
Lors qu'en vn facrifice ils nous l'auront fait voir?
Il fe taift, & ces mots femblent eftre des charmes,
Mefme aux fix combatans ils arrachent les armes,
Et ce defir d'honneur qui leur ferme les yeux
Tout aueugle qu'il eft refpecte encor les Dieux;
Leur plus boüillante ardeur cede à l'aduis de Tulle,
Et foit par deference, ou par vn prompt fcrupule
Dans l'vne & l'autre armée on s'en fait vne loy
Comme fi toutes deux le cognoiffoient pour Roy.
Le refte s'apprendra par la mort des victimes.

SABINE.

Les Dieux n'aduoüeront point vn combat plein de
     crimes,
I'en efpere beaucoup puis qu'il eft differé,
Et ie commence à voir ce que i'ay defiré.

SCENE

SCENE III.

SABINE. CAMILLE. IVLIE.

SABINE.

Ma sœur, que ie vous die vne bonne nouuelle.

CAMILLE.

Ie pense la sçauoir, s'il faut la nommer telle,
On l'a dite à mon pere, & i'estois auec luy,
Mais ie n'en conçoy rien qui flatte mon ennuy.
Ce delay de nos maux rendra leurs coups plus rudes,
Ce n'est qu'vn plus long terme à nos inquietudes,
Et tout l'allegement qu'il en faut esperer,
C'est de pleurer plus tard ceux qu'il faudra pleurer.

SABINE.

Les Dieux n'ont pas en vain inspiré ce tumulte.

CAMILLE.

Disons plustost, ma sœur, qu'en vain on les consulte,

G

Les mesmes Dieux à Tulle ont inspiré ce choix,
Et la voix du public n'est pas tousiours leur voix,
Ils descendent bien moins dans de si bas estages
Que dans l'ame des Rois leurs viuantes images,
Et de qui l'absoluë est sainte authorité
Est vn rayon secret de leur diuinité.

IVLIE.

C'est vouloir sans raison vous former des obstacles
Que de chercher leur voix ailleurs qu'en leurs oracles,
Et vous ne vous pouuez figurer tout perdu
Sans dementir celuy qui vous fut hier rendu.

CAMILLE.

Vn oracle iamais ne se laisse comprendre,
On l'entend d'autant moins que plus on croit l'entendre,
Et loin de s'asseurer sur vn pareil arrest,
Qui n'y voit rien d'obscur doit croire que tout l'est.

SABINE.

Sur ce qui fait pour nous prenons plus d'asseurance,
Et souffrons les douceurs d'vne iuste esperance.
Quand la faueur du Ciel ouure à demy ses bras,
Qui ne s'en promet rien ne la merite pas,
Il empesche souuent qu'elle ne se desploye,
Et lors qu'elle descend son refus la renuoye.

CAMILLE.

Le Ciel agit sans nous en ces euenemens,
Et ne les regle point dessus nos sentimens.

IVLIE.

Il ne vous a fait peur que pour vous faire grace,
Adieu, ie vay sçauoir comme en fin tout se passe,
Moderez vos frayeurs, i'espere à mon retour
Ne vous entretenir que de propos d'amour,
Et que nous n'employerons la fin de la iournée
Qu'aux doux preparatifs d'vn heureux Hymenée.

SABINE.

Comme vous ie l'espere.

CAMILLE.

Et ie n'ose y songer.

IVLIE.

L'effet nous fera voir qui sçait mieux en iuger.

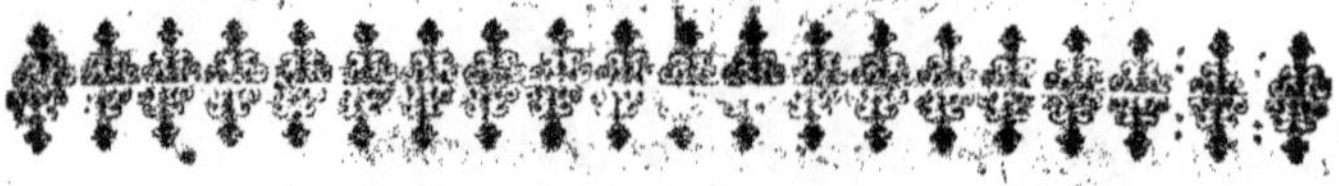

SCENE IV.

SABINE, CAMILLE.

SABINE.

Parmy nos desplaisirs souffrés que ie vous blasme.
Ie ne puis approuuer tant de trouble en nostre ame,
Que feriez vous, ma sœur, au point où ie me voy
Si vous auiez à craindre autant que ie le doy,
Et si vous attendiez de leurs armes fatales
Des maux pareils aux miens, & des pertes esgales ?

CAMILLE.

Parlés plus sainement de vos maux & des miens,
Chacun voit ceux d'autruy d'vn autre œil que les siens,
Mais à bien regarder ceux où le Ciel me plonge
Les vostres auprés d'eux vous sembleront vn songe.
La seule mort d'Horace est à craindre pour vous,
Des freres ne sont rien à l'égal d'vn espoux,
L'Hymen qui nous attache en vne autre famille,
Nous détache de celle où l'on a vescu fille,

On ne compare point des nœuds si diffrense,
Et pour suiure vn mary l'on quitte ses parens:
Mais si pres d'vn Hymen l'amant que donne vn pere
Nous est moins qu'vn espoux & non pas moins qu'vn
Nos sentimens entre eux demeurent suspendus, (frere,
Nostre choix impossible, & nos vœux confondus.
Ainsi, ma sœur, du moins vous auez dans vos plaintes,
Où porter vos souhaits, & terminer vos craintes,
Mais si le Ciel s'obstine à nous persecuter,
Pour moy i'ay tout à craindre & rien à souhaiter.

SABINE.

Quand il faut que l'vn meure, & par les mains de l'autre
C'est vn raisonnement bien mauuais que le vostre.
Quoy que ce soient, ma sœur, des nœuds bien differens,
C'est sans les oublier qu'on quitte ses parens;
L'Hymen n'efface point ces profonds carracteres,
Pour aimer vn mary l'on ne hait pas ses freres,
La nature en tout temps garde ses premiers droits,
Aux despens de leur vie on ne fait point de choix,
Aussi bien qu'vn espoux, ils sont d'autres nous mesmes,
Et tous maux sont pareils alors qu'ils sont extrémes:
Mais l'amant qui vous charme, & pour qui vous bruslés
Ne vous est apres tout que ce que vous voulez,
Vne mauuaise humeur, vn peu de jalousie,
Le peuuent mettre hors de vostre fantaisie,

Ce qu'elles font souuent faites le par raison,
Et laißés voftre fang hors de comparaifon,
C'eft crime qu'oppofer des liens volontaires
A ceux que la naißance à rendus neceßaires.
Si donc le Ciel s'obftine à nous perfecuter,
Seule i'ay tout à craindre & rien à fouhaiter,
Mais pour vous, le deuoir vous donne dans vos plaintes
Où porter vos fouhaits & terminer vos craintes.

CAMILLE.

Ie le voy bien, ma fœur, vous n'aymaftes iamais,
Vous ne cognoißez point ny l'Amour ny fes traits:
On peut luy refifter quand il commence à naiftre,
Mais non pas le bannir quand il s'eft rendu maiftre,
Et que l'adueu d'vn pere engageant noftre foy
A faict de ce Tiran vn legitime Roy.
Il entre auec douceur, mais il regne par force,
Et quand l'ame vne fois a gousté fon amorce,
Vouloir ne plus aymer c'eft ce qu'elle ne peut,
Puifqu'elle ne peut plus vouloir que ce qu'il veut;
Ses chaifnes font pour nous außi fortes que belles.

SCENE V.

Le vieil HORACE. SABINE. CAMILLE.

Le vieil HORACE.

*I*E *viens vous apporter de fascheuses nouuelles,*
Mes filles, mais en vain ie voudrois vous celer
Ce qu'on ne vous sçauroit long-temps dissimuler.
Vos freres sont aux mains, les Dieux ainsi l'ordonnent.

SABINE.

Ie veux bien l'aduoüer, ces nouuelles m'estonnent,
Et ie m'imaginois dans la diuinité
Beaucoup moins d'iniustice, & bien plus de bonté.
Ne nous consolés point, la raison importune
Quand elle ose combatre vne telle infortune,
Nous auons en nos mains la fin de nos douleurs,
Qui peut vouloir mourir, peut brauer les malheurs.
Nous pourrions aisément faire en vostre presence
De nostre desespoir vne fausse constance,

Mais quand on peut sans honte estre sans fermeté
La vouloir contre-faire est vne lascheté.
L'vsage d'vn tel art nous le laissons aux hommes,
Et ne voulons passer que pour ce que nous sommes.
Nous ne demandons point qu'vn courage si fort
S'abaisse à nostre exemple à se plaindre du sort ;
Receuez sans fremir ces mortelles alarmes,
Voyez couler nos pleurs sans y mesler vos larmes,
En fin pour toute grace en de tels deplaisirs,
Gardés vostre constance & souffrez nos soupirs.

Le vieil HORACE.

Loin de blasmer les pleurs que ie vous voy respandre,
Ie croy faire beaucoup de m'en pouuoir defendre,
Et cederois peut-estre à de si rudes coups
Si ie prenois icy mesme interest que vous.
Non qu'Albe par son choix m'ait fait hayr vos freres,
Tous trois me sont encor des personnes bien cheres,
Mais en fin l'amitié n'est pas du mesme rang
Et n'a point les effets de l'amour ny du sang.
Ie ne sens point pour eux la douleur qui tourmente
Sabine comme sœur, Camille comme amante,
Ie puis les regarder comme nos ennemis,
Et donne sans regret mes souhaits à mes fils.
Ils sont, graces aux Dieux, dignes de leur patrie,
Aucun estonnement n'a leur gloire flestrie,

Et i'ay

Et i'ay veu leur honneur croiftre de la moitié,
Quand ils ont des deux camps refufé la pitié.
Si par quelque foibleffe ils l'auoient mandiée,
Si leur haute vertu ne l'euft repudiée,
Ma main bien toft fur eux m'euft vangé hautement
De l'affront que m'euft fait ce mol confentement.
Mais lors qu'en defpit d'eux on en a voulu d'autres,
Ie ne le cele point, i'ay ioint mes vœux aux voftres,
Si le Ciel pitoyable euft efcouté ma voix
Albe feroit reduite à faire vn autre choix,
Nous pourrions voir tantoft triompher les Horaces
Sans voir leurs bras foüillés du fang dès Curiaces,
Et de l'euenement d'vn combat plus humain
Dependroit maintenant l'honneur du nom Romain.
La prudence des Dieux autrement en difpofe,
Sur leur ordre eternel mon efprit fe repofe,
Il s'arme en ce befoin de generofité,
Et du bon-heur public fait fa felicité.
Tafchés d'en faire autant pour foulager vos peines,
Et fongez toutes deux que vous eftes Romaines,
Vous l'eftes deuenuë, et vous l'eftes encor:
Vn fi glorieux tiltre eft vn digne trefor,
Vn iour, vn iour viendra que par toute la terre,
Rome fe fera craindre à l'efgal du tonnerre,
Et que tout l'Vniuers tremblant deffous fès loix,
Ce grand nom deuiendra l'ambition des Rois;

H

Les Dieux à nostre Aenée ont promis cette gloire.

SCENE VI.

Le vieil HORACE. SABINE. CAMILLE. IVLIE.

Le vieil HORACE.

Nous venez vous, Iulie, apprendre la victoire?

IVLIE.

Mais plustost du combat les funestes effets,
Rome est suiette d'Albe, & vos fils sont deffaits,
Des trois les deux sont morts, son espoux seul vous
    reste.

Le vieil HORACE.

O d'vn triste combat effet vrayement funeste!
Rome est suiette d'Albe, & pour l'en garantir
Il n'a pas employé iusqu'au dernier soupir!
Non, non, cela n'est point, on vous trompe, Iulie,
Rome n'est point suiette, ou mon fils est sans vie,
Ie cognois mieux mon sang, il sçait mieux son devoir.

IVLIE.

Mille de nos remparts comme moy l'ont peu voir.
Il s'eſt faiɔt admirer tant qu'ont duré ſes freres,
Mais comme il s'eſt veu ſeul contre trois aduerſaires,
Preſt d'eſtre enfermé d'eux ſa fuite la ſauué.

Le vieil HORACE.

Et nos ſoldats trahis ne l'ont pas acheué!
Dans leurs rangs à ce laſche ils ont donné retraite!

IVLIE.

Ie n'ay rien voulu voir apres cette deffaite.

CAMILLE.

O mes freres!

Le vieil HORACE.

Tout beau, ne les pleurés pas tous,
Deux iouyſſent d'vn ſort dont leur pere eſt ialoux.
Que des plus nobles fleurs leur tombe ſoit couuerte,
La gloire de leur mort m'a payé de leur perte,

Ce bon-heur a fuiuy leur courage inuaincu
Qu'ils ont veu Rome libre autant qu'ils ont vefcu,
Et ne l'auront point veuë obeyr qu'à fon Prince,
Ny d'vn eftat voifin deuenir la Prouince.
Pleurez l'autre, pleurez l'irreparable affront
Que fa fuite honteufe imprime à noftre front,
Pleurez le deshonneur de toute noftre race,
Et l'opprobre eternel qu'il laiffe au nom d'Horace.

IVLIE.

Que vouliez vous qu'il fift contre trois ?

Le vieil HORACE.

                    Qu'il mouruft,
Ou qu'vn beau defefpoir alors le fecouruft.
N'euft-il que d'vn moment reculé fa deffaite,
Rome euft efté du moins vn peu tard fuiette,
Il euft auec honneur laiffé mes cheueux gris,
Et c'eftoit de fa vie vn affez digne prix.
Il eft de tout fon fang comptable à fa patrie,
Chaque goute efpargnée à fa gloire-fleftrie,
Chaque inftant de fa vie apres ce lafche tour,
Met dautant plus ma honte auec la fienne au iour.

I'en rompray bien le cours , *&* ma iuste colere
Contre vn indigne fils vfant des droits d'vn pere
Sçaura bien faire-voir dans fa punition
L'efclatant defadueu d'vne telle action.

SABINE.

Efcoutez vn peu moins ces ardeurs genereufes,
Et ne nous rendez point tout à fait malheureufes.

Le vieil HORACE.

Sabine, voſtre cœur fe confole aifément,
Nos malheurs iufqu'icy vous touchent foiblement,
Vous n'auez point encor de part à nos mifères,
Le Ciel vous a fauué voſtre efpoux *&* vos freres,
Si nous fommes fuiets c'eſt de voſtre pays,
Vos freres font vainqueurs quand nous fommes
      trahis,
Et voyant le haut point où leur gloire fe monte
Vous regardez fort peu ce qui nous vient de honte :
Mais voſtre trop d'amour pour cét infame efpoux,
Vous donnera bien-toſt à plaindre comme à nous.
Vos pleurs en fa faueur font de foibles defenfes,
I'atteſte des grands Dieux les fuprémes puiſſances
Qu'auant ce iour finy ces mains, ces propres mains,
Laueront dans fon fang la honte des Romains.

H iij

SABINE.

Suiuons-le promptement , la colere l'emporte.
Dieux ! verrons nous touſiours des malheurs de la
　　ſorte ,
Nous faudra-t'il touſiours en craindre de plus grands ,
Et touſiours redouter la main de nos parents ?

Fin du troiſieſme Acte.

ACTE IV.

SCENE PREMIERE.

Le vieil **HORACE. CAMILLE.**

Le vieil **HORACE.**

NE me parlez iamais en faueur d'vn infame,
Qu'il me fuye à l'esgal des freres de sa
  femme,
Pour conseruer vn sang qu'il tient si precieux
Il n'a rien fait encor s'il n'éuite mes yeux.
Sabine y peut mettre ordre, ou derechef i'attefte,
Le souuerain pouuoir de la troupe celefte.....

CAMILLE.

Hé! mon pere, prenez vn plus doux sentiment,
Vous verrez Rome mesme en vser autrement;

Et de quelque malheur que le Ciel l'ait comblée,
Excuser la vertu soubs le nombre accablée.

Le vieil HORACE.

Le iugement de Rome est peu pour mon regard,
Camille, ie suis pere , & i'ay mes droits à part.
Ie scay trop comme agit la vertu veritable,
C'est sans en triompher que le nombre l'accable,
Et sa masle vigueur tousiours en mesme point
Succombe soubs la force & ne luy cede point.
Taisez-vous, & sçachons ce que nous veut Valere.

SCENE II.

Le vieil HORACE. VALERE. CAMILLE.

VALERE.

*E*Nuoyé par le Roy pour consoler vn pere,
Et pour luy tesmoigner...

Le vieil HORACE.

           N'en prenez aucun soin,
C'est vn soulagement dont ie n'ay pas besoin,

Et

Et i'ayme mieux voir morts que couuerts d'infamie
Ceux que vient de m'oster vne main ennemie;
Tous deux pour leur pays sont morts en gens d'honneur,
Il me suffit.

VALERE.

Mais l'autre est vn rare bonheur,
De tous les trois chez vous il doit tenir la place.

Le vieil HORACE.

Eust-il fait auec luy perir le nom d'Horace!

VALERE.

Seul vous le mal traités apres ce qu'il a fait.

Le vieil HORACE.

C'est à moy seul aussi de punir son forfait.

VALERE.

Quel forfait trouuez vous en sa bonne conduite?

Le vieil HORACE.

Quel esclat de vertu trouuez vous en sa fuite?

VALERE.

La fuite est glorieuse en ceste occasion.

I

Le vieil HORACE.

Vous redoublez ma honte & ma confusion,
Certes l'exemple est rare & digne de memoire
De trouuer dans la fuite vn chemin à la gloire.

VALERE.

Quelle confusion, & quelle honte à vous
D'auoir produit vn fils qui nous conserue tous,
Qui fait triompher Rome, & luy gaigne vn empire?
A quels plus grands honneurs faut-il qu'vn pere aspire?

Le vieil HORACE.

Quels honneurs, quel triomphe, & quel empire en fin
Lors qu'Albe soubs ses loix range nostre destin?

VALERE.

Que parlez vous icy d'Albe, & de sa victoire?
Ignorez-vous encor la moitié de l'histoire?

Le vieil HORACE.

Le combat par sa fuite est-il pas terminé?

VALERE.

Albe ainsi quelque temps se l'est imaginé,

Mais elle a bien tost veu que c'estoit fuir en homme
Qui sçauoit mesnager l'auantage de Rome.

Le vieil HORACE.

Quoy, Rome donc triomphe!

VALERE.

Apprenez, apprenez
La valeur de ce fils qu'à tort vous comdamnez.
Resté seul contre trois, mais en cesté auanture
Tous trois estans blessez, & luy seul sans blessure,
Trop foible pour eux tous, trop fort pour chacun d'eux,
Il sçait bien se tirer d'vn pas si haZardeux,
Il fuit pour mieux combatre, & cette prompte ruse
Diuise adroitement trois freres qu'elle abuse,
Chacun le suit d'vn pas ou plus ou moins pressé,
Selon qu'il se rencontre ou plus ou moins blessé,
Leur ardeur est esgale à poursuiure sa fuite,
Mais leurs coups inegaux separent leur poursuite.
Horace les voyant l'vn de l'autre escartés,
Se retourne, & desia les croit demy domptez,
Il attend le premier & c'estoit vostre gendre:
L'autre tout indigné qu'il ait osé l'attendre,
En vain en l'attaquant fait paroistre vn grand cœur,
Le sang qu'il a perdu rallentit sa vigueur.

Albe à son tour commence à craindre vn sort contraire,
Elle crie au second qu'il secoure son frere,
Il se haste & s'espuise en efforts superflus,
Il trouue en les ioignant que son frere n'est plus.

CAMILLE.

Helas!

VALERE.

Tout hors d'haleine il prend pourtant sa place,
Et redouble bien tost la victoire d'Horace,
Son courage sans force est vn debile appuy,
Voulant vanger son frere il tombe auprés de luy.
L'air resonne des cris qu'au Ciel chacun enuoye,
Albe en iette d'angoisse & les Romains de ioye.
Comme nostre Heros se voit prés d'achéuer,
C'est peu pour luy de vaincre, il veut encor brauer:
I'en viens d'immoler deux aux Manes de mes freres,
Rome aura le dernier de mes trois aduersaires,
C'est à ses interests que ie vay l'immoler,
(Dit-il) & tout d'vn temps on le void y voler.
La victoire entr'eux deux n'estoit pas incertaine,
L'Albain percé de coups ne se trainoit qu'à peine,
Et comme vne victime aux marches de l'autel,
Il sembloit presenter sa gorge au coup mortel,

Außi le reçoit il peu s'en faut sans deffence,
Et son treſpas de Rome eſtablit la puiſſance.

Le vieil HORACE.

O mon fils, ô ma ioye, ô l'honneur de nos iours!
O d'vn eſtat panchant l'ineſperé ſecours!
Vertu digne de Rome, & ſang digne d'Horace,
Appuy de ton pays & gloire de ta race!
Quand pourraye-ie eſtouffer dans tes embraſſements
L'erreur dont i'ay formé de ſi faux ſentiments?
Quand pourra mon amour baigner auec tendreſſe
Ton front victorieux de larmes d'alegreſſe?

VALERE.

Vos careſſes bientoſt pourront ſe deſployer,
Le Roy dans vn moment vous le va renuoyer,
Et remet à demain le pompeux ſacrifice
Que nous deuons aux Dieux pour vn tel benefice.
Aujourd'huy ſeulement on s'acquitte vers eux
Par des chants de victoire & par de ſimples vœux;
C'eſt où le Roy le mene, & tandis il m'enuoye
Faire office vers vous de douleur & de ioye.
Mais cet office encor n'eſt pas aſſez pour luy,
Il y viendra luy-meſme & peut-eſtre aujourd'huy,
Cette belle action ſi puiſſamment le touche,
Qu'il vous veut rendre grace, & de ſa propre bouche;

D'auoir donné vos fils au bien de son Estat.

Le vieil HORACE.

De tels remerciments ont pour moy trop d'esclat,
Et ie me tiens desia trop payé par les vostres
Du seruice de l'vn & du sang des deux autres.

VALERE.

Le Roy ne sçait que c'est d'honorer à demy,
Et son sceptre arraché des mains de l'ennemy
Fait qu'il estime encor l'honneur qu'il vous veut faire,
Au dessous du merite & du fils & du pere.
Ie vay luy tesmoigner quels nobles sentiments
La vertu vous inspire en tous vos mouuements,
Et combien vous monstrez d'ardeur pour son seruice.

Le vieil HORACE.

Ie vous deuray beaucoup pour vn si bon office.

SCENE III.

Le vieil HORACE. CAMILLE.

Le vieil HORACE.

MA fille il n'est plus temps de respandre des pleurs,
Il sied mal d'en verser ou l'on void tãt d'hõneurs,
On pleure iniustement des pertes domestiques
Quand on en voit sortir des victoires publiques.
Rome triomphe d'Albe, & c'est assez pour nous,
Tous nos maux à ce prix nous doiuent estre doux.
En la mort d'vn amant vous ne perdez qu'vn homme
Dont la perte est aisée à reparer dans Rome:
Apres cette victoire il n'est point de Romain
Qui ne soit glorieux de vous donner la main.
Ie m'en vais à Sabine en porter la nouuelle,
Ce coup sera sans doute assez rude pour elle,
Et ses trois freres morts par la main d'vn espoux
Luy donneront des pleurs bien plus iustes qu'à vous:
Mais i'espere aisément en dissiper l'orage,
Et qu'vn peu de prudence aydant son grand courage,

Fera bien tost regner sur vn si noble cœur
Le genereux amour qu'elle doit au vainqueur.
Cependant estouffez cette lasche tristesse,
Receuez le, s'il vient, auec moins de foiblesse,
Faites vous voir sa sœur, & qu'en vn mesme flanc
Le Ciel vous à tous deux formez d'vn mesme sang.

SCENE IV.

CAMILLE.

O*Vy, ie luy feray voir par d'infaillibles marques*
Qu'vn veritable amour braue la main des Par-
    ques,
Et ne prend point de loix de ces cruels tyrans
Qu'vn astre iniurieux nous donne pour parens.
Tu blasmes ma douleur, tu l'oses nommer lasche,
Ie l'ayme d'autant plus que plus elle te fasche,
Impitoyable pere, & par vn iuste effort
Ie la veux rendre esgale aux rigueurs de mon sort.
En vit on iamais vn dont les rudes trauerses
Prissent en moins de rien tant de faces diuerses,

Qui

Qui fuſt doux tant de fois, & tant de fois cruel,
Et portaſt tant de coups auant le coup mortel ?
Vit on iamais vne ame en vn iour plus atteinte
De ioye & de douleur, d'eſperance & de crainte,
Aſſeruie en eſclaue à plus d'euenements,
Et le piteux ioüet de plus de changements ?
Vn oracle m'aſſeure, vn ſonge m'eſpouuante,
La bataille m'effraye, & la paix me contente,
Mon Hymen ſe prepare, & preſque en vn moment
Pour combattre mon frere on choiſit mon amant,
Les deux camps mutinez, vn tel choix deſaduoüent,
Ils rompent la partie, & les Dieux la renoüent,
Rome ſemble vaincuë & ſeul des trois Albains
Curiace en mon ſang n'a point trempé ſes mains,
Dieux ! ſentois-je point lors des douleurs trop legeres
Pour le malheur de Rome, & la mort de deux freres ?
Me flattoiſie point trop quand ie croyois pouuoir
L'aymer encor ſans crime & nourrir quelque eſpoir ?
Sa mort m'en punit bien, & la façon cruelle
Dont mon ame eſperduë en reçoit la nouuelle,
Son riual me l'apprend, & faiſant à mes yeux
D'vn ſi triſte ſuccés le recit odieux,
Il porte ſur le front vne allegreſſe ouuerte
Que le bonheur public fait bien moins que ma perte,
Et baſtiſſant en l'air ſur le malheur d'autruy
Auſſi bien que mon frere il triomphe de luy.

K

Mais ce n'est encor rien au prix de ce qui reste,
On demande ma ioye en un coup si funeste,
Il me faut applaudir aux exploits du vainqueur,
Et baiser une main qui me perce le cœur.
En un suiet de pleurs si grand, si legitime,
Se plaindre est une honte & soupirer un crime,
Leur brutale vertu veut qu'on s'estime heureux,
Et si l'on n'est barbare on n'est point genereux.
Degenerons, mon cœur, d'un si vertueux pere,
Soyons indigne sœur d'un si genereux frere,
C'est gloire de passer pour des cœurs abbatus
Quand la brutalité fait les hautes vertus.
Esclatés mes douleurs, à quoy bon vous contraindre ?
Quand on à tout perdu que sçauroit-on plus craindre ?
Pour ce cruel vainqueur n'ayés point de respect,
Loin d'éuiter ses yeux croissez à son aspect,
Offensez sa victoire, irritez sa colere,
Et prenez, s'il se peut, plaisir à luy deplaire.
Il vient, preparons nous à monstrer constamment
Ce que doit une amante à la mort d'un amant.

SCENE V.

HORACE. CAMILLE. PROCVLE,
& deux autres soldats portant chacun vne espée
des Curiaces.

HORACE.

MA sœur, voicy le bras qui vange nos deux freres,
Le bras qui rompt le cours de nos destins con-
traires,
Qui nous rend maistres d'Albe, en fin voicy le bras
Qui seul fait auiourd'huy le sort de deux Estats.
Voy ces marques d'honneur, ces tesmoins de ma gloire,
Et rends ce que tu dois à l'heur de ma victoire.

CAMILLE.

Receuez donc mes pleurs, c'est ce que ie luy doibs.

HORACE.

Rome n'en veut point voir apres de tels exploits,

Et nos deux freres morts dans le malheur des armes.
Sont trop payes de sang pour exiger des larmes,
Quand la perte est vangée on n'a plus rien perdu.

CAMILLE.

Puisqu'ils sont satisfaits par le sang espandu,
Ie cesseray pour eux de paroistre affligée,
Et i'oublieray leur mort que vous auez vangée.
Mais qui me vangera de celle d'vn amant
Pour me faire oublier sa perte en vn moment?

HORACE,

Que dis-tu malheureuse?

CAMILLE.

O mon cher Curiace!

HORACE,

O d'vne indigne sœur l'insupportable audace!
D'vn ennemy public dont ie reuiens vainqueur
Le nom est dans ta bouche, & l'amour dans ton cœur,
Ton ardeur criminelle à la vangeance aspire,
Ta bouche la demande & ton cœur la respire.
Suy moins ta passion, regle mieux tes desirs,
Ne me fay plus rougir d'entendre tes souspirs,

Tes flames deformais doiuent estre estouffées,
Banny les de ton ame, & fonge à mes trophées
Qu'ils foient doresnauant ton vnique entretien.

CAMILLE.

Donne moy donc, barbare, vn cœur comme le tien,
Et fi tu veux enfin que ie t'ouure mon ame,
 Rends moy mon Curiace, ou laiffe agir ma flame,
Ma ioye et mes douleurs dependoient de fon fort,
Ie l'adorois viuant, & ie le pleure mort.
Ne cherche plus ta fœur ou tu l'auois laiffée,
Tu ne reuois en moy qu'vne amante offencée
Qui comme vne Furie attachée a tes pas
Te veut inceffamment reprocher fon trefpas.
Tigre affamé de fang qui me deffends les larmes,
Qui veux que dans fa mort ie trouue encor des charmes,
Et que iufques au Ciel efleuant tes exploits
Moy mefme ie le tuë vne feconde fois.
Puiffent de tels malheurs accompagner ta vie
Que tu tombes au point de me porter enuie,
Et toy bientoft foüiller par quelque lafcheté
Cette gloire fi chere à ta brutalité!

HORACE.

O Ciel, qui vit iamais vne pareille rage!
Crois-tu donc que ie fois infenfible à l'outrage,

Que ie souffre en mon sang ce mortel deshonneur?
Ayme, ayme cette mort qui fait nostre bonheur,
Et prefere du moins au souuenir d'vn homme
Ce que doit ta naissance aux interests de Rome.

CAMILLE.

Rome, L'vnique obiet de mon ressentiment!
Rome a qui vient ton bras d'immoler mon amant!
Rome qui t'a veu naistre, & que ton cœur adore!
Rome en fin que ie hay parce qu'elle t'honore!
Puissent tous ses voisins ensemble coniurés
Sapper ses fondemens encor mal asseurez,
Et si ce n'est assez de toute l'Italie
Que l'Orient contre elle à l'Occident s'allie,
Que cent peuples vnis des bouts de l'vniuers
Passent pour la destruire & les monts & les mers,
Qu'elle mesme sur soy renuerse ses murailles
Et de ses propres mains deschire ses entrailles,
Que le couroux du Ciel allumé par mes vœux
Face pleuuoir sur elle vn deluge de feux,
Puissay-ie de mes yeux voir tomber ceste foudre,
Voir ses maisons en cendre & tes lauriers en poudre,
Voir le dernier Romain à son dernier soupir,
Moy seule en estre cause, & mourir de plaisir!

HORACE *mettant l'espée à la main, & poursuiuant sa
sœur qui s'enfuit.*

*C'est trop, ma patience à la raison fait place,
Va dedans les Enfers ioindre ton Curiace.*

CAMILLE *blessée derriere le theatre.*

Ah traistre!

HORACE *reuenant sur le Theatre.*

*Ainsi reçoiue vn chastiment soudain
Quiconque ose pleurer vn ennemy Romain.*

SCENE VI.

HORACE. PROCVLE.

PROCVLE.

Qve venez vous de faire?

HORACE.

Vn acte de iustice,
Vn semblable forfait veut vn pareil supplice.

PROCVLE

Vous deuiez la traicter auec moins de rigueur.

HORACE

Ne me d'y point qu'elle est & mon sang & ma sœur,
Mon pere ne peut plus l'aduoüer pour sa fille,
Qui maudit son pays renonce à sa famille,

Des noms si pleins d'amour ne luy sont plus permis,
De ses plus chers parents il fait ses ennemis,
Le sang mesme les arme en haine de son crime,
La plus prompte vangeance en est plus legitime,
Et ce souhait impie, encore qu'impuissant,
Est un monstre qu'il faut estouffer en naissant.

SCENE VII.

HORACE. SABINE. PROCVLE.

SABINE.

A Quoy s'arreste icy ton illustre colere?
Vien voir mourir ta sœur dans les bras de ton pere,
Vien repaistre tes yeux d'un spectacle si doux,
Où si tu n'es point las de ces genereux coups,
Immole au cher pays des vertueux Horaces
Ce reste malheureux du sang des Curiaces,
Si prodigue du tien n'espargne pas le leur,
Ioints Sabine à Camille, & ta femme à ta sœur,
Nos crimes sont pareils ainsi que nos miseres,
Ie soupire comme elle & deplore mes freres,

L

Plus coupable en ce point contre tes dures loix
Qu'elle n'en pleuroit qu'vn & que i'en pleure trois,
Qu'apres son chastiment ma faute continuë.

HORACE.

Seche tes pleurs, Sabine, ou les cache à ma veuë,
Rends toy digne du nom de ma chaste moitié,
Et ne m'accable point d'vne indigne pitié.
Si l'absolu pouuoir d'vne pudique flame
Ne nous laisse à tous deux qu'vn penser & qu'vne ame,
C'est à toy d'esleuer tes sentimens aux miens,
Non à moy de descendre à la honte des tiens.
Ie t'ayme & ie cognoy la douleur qui te presse,
Embrasse ma vertu pour vaincre ta foiblesse,
Participe à ma gloire au lieu de la souiller,
Tasche à t'en reuestir, non à m'en despoüiller.
Es-tu de mon honneur si mortelle ennemie
Que ie te plaise mieux tombé dans l'infamie?
Sois plus femme que sœur, & te reglant sur moy
Fay toy de mon exemple vne immuable loy.

SABINE.

Cherche pour t'imiter des ames plus parfaites,
Ie ne t'impute point les pertes que i'ay faites,
I'en ay les sentimens que ie dois en auoir,
Et ie m'en prends au sort plustost qu'à ton deuoir.

Mais auſſi ie renonce à la vertu Romaine
Si pour la poſſeder ie dois eſtre inhumaine,
Et ne puis voir en moy la femme du vainqueur
Sans y voir des vaincus la déplorable ſœur.
Prenons part en public aux victoires publiques,
Pleurons dans la maiſon nos malheurs domeſtiques,
Et ne regardons point des biens communs à tous.
Quand nous voyons des maux qui ne ſont que pour nous.
Pourquoy veux-tu, cruel, agir d'vne autre ſorte?
Laiſſe en entrant icy tes lauriers à la porte,
Meſle tes pleurs aux miens. Quoy ces laſches diſcours
N'arment point ta vertu contre mes triſtes tours!
Mon crime redoublé n'eſmeut point ta colere!
Que Camille eſt heureuſe! elle à peu te deplaire,
Elle a receu de toy ce qu'elle à pretendu,
Et recouure là bas tout ce qu'elle à perdu.
Cher eſpoux, cher auteur du tourment qui me preſſe,
Eſcoute la pitié ſi ta colere ceſſe,
Exerce l'vne ou l'autre apres de tels malheurs
A punir ma foibleſſe, ou finir mes douleurs.
Ie demande la mort pour grace ou pour ſupplice,
Qu'elle ſoit vn effet d'amour ou de iuſtice,
N'importe, tous ſes traits me ſembleront fort doux
Si ie les voy partir de la main d'vn eſpoux.

L ij

HORACE.

Quelle iniuſtice aux Dieux d'abandonner aux femmes
Vn empire ſi grand ſur les plus belles ames,
Et de ſe plaire à voir de ſi foibles vainqueurs
Regner ſi puiſſamment ſur les plus nobles cœurs !
A quel point ma vertu deuient elle reduite !
Rien ne la ſçauroit plus garantir que la fuite,
A dieu, ne me ſuy point, ou retien tes ſouſpirs.

SABINE ſeule.

O colere, ô pitié ſourdes à mes deſirs !
Vous negligez mon crime, & ma douleur vous laſſe
Et ie n'obtiens de vous ny ſupplice, ny grace.
Allons y par nos pleurs faire encor vn effort
Et n'employons aprés que nous à noſtre mort.

Fin du quatrieſme Acte.

ACTE V.

SCENE. PREMIERE.

Le vieil HORACE. HORACE.

Le vieil HORACE.

RETIRONS nos regards de cet obiet funeste
Pour admirer icy le iugement celeste,
Quand la gloire nous enfle il sçait bien com-
        me il faut
Confondre nostre orgueil qui s'esleue trop haut,
Nos plaisirs les plus doux ne vont point sans tristesse,
Il mesle à nos vertus des marques de foiblesse,
Et rarement accorde à nostre ambition,
L'entier & pur honneur d'vne bonne action.

L iij

Ie ne plains point Camille, elle estoit criminelle,
Ie me tiens plus à plaindre, & ie te plains plus qu'elle,
Moy, d'auoir mis au iour vn cœur si peu Romain,
Toy, d'auoir par sa mort des honoré ta main.
Ie ne la trouue point iniuste ny trop prompte,
Mais tu pouuois, mon fils, t'en espargner la honte,
Son crime, quoy qu'enorme & digne du trespas,
Estoit mieux impuny que puny par ton bras.

HORACE.

Disposés de mon sort, les loix vous en font maistre,
I'ay creu deuoir ce coup aux lieux qui m'ont veu naistre:
Si mon Zele au pays vous semble criminel,
S'il m'en faut receuoir vn reproche eternel,
Si ma main en deuient honteuse & profanée,
Vous pouuez d'vn seul mot trancher ma destinée,
Reprenez vostre sang de qui ma lascheté,
A si mal à propos souillé la pureté,
Ma main n'a peu souffrir de crime en vostre race,
Ne souffrez point de tache en la maison d'Horace,
C'est en ces actions dont l'honneur est blessé,
Qu'vn pere tel que vous se monstre interessé,
Son amour doit se taire ou toute excuse est nulle,
Luy-mesme il y prend part lors qu'il les dissimule,
Et de sa propre gloire il fait trop peu de cas
Quand il ne punit point ce qu'il n'approuue pas.

Le vieil HORACE.

Il n'vse pas touſiours d'vne rigueur extreme,
Il eſpargne ſes fils bien ſouuent pour ſoy-meſme,
Sa vieilleſſe ſur eux ayme à ſe ſouſtenir,
Et ne les punit point pour ne ſe pas punir.
Ie te voy d'vn autre œil que tu ne te regardes,
Ie ſçay, mais le Roy vient, ie vois entrer ſes gardes.

SCENE II.

TVLLE. VALERE. Le vieil HORACE.
HORACE. Troupe de Gardes.

Le vieil HORACE.

AH Sire, vn tel honneur à trop d'excez pour moy,
Ce n'eſt point en ce lieu que ie dois voir mon Roy,
Permettez qu'à genoux...

TVLLE.

Non, leuez-vous, mon pere,
Ie fay ce qu'en ma place vn bon Prince doit faire.

Vn si rare seruice, & si fort important
Veut l'honneur le plus rare, & le plus esclatant,
Vous en auiez desia sa parole pour gage,
Ie ne l'ay pas voulu differer dauantage.
I'ay sçeu par son rapport (& ie n'en doutois pas)
Comme de vos deux fils vous portez le trespas,
Et que desia vostre ame estant trop resoluë
Ma consolation vous seroit superfluë :
Mais ie viens de sçauoir quel estrange malheur
D'vn fils victorieux a suiuy la valeur,
Et que son trop d'amour pour la cause publique
Par ses mains à son pere oste vne fille vnique,
Ie sçay que peut ce coup sur l'esprit le plus fort
Et ie doute comment vous portez cette mort.

Le vieil HORACE.

Sire, auec desplaisir, mais auec patience.

TVLLE.

C'est l'effet vertueux de vostre experience,
Beaucoup par vn long aage ont appris comme vous
Que le malheur succede au bonheur le plus doux,
Peu sçauent comme vous s'appliquer ce remede,
Et dans leur interest toute leur vertu cede.
Si vous pouuez trouuer dans ma compassion
Quelque soulagement pour vostre affliction,

Ainsi

Ainsi que vostre mal sçachez qu'elle est extreme,
Et que Tulle vous plaint autant comme il vous ayme.

VALERE.

Sire, puisque le Ciel entre les mains des Rois
Depose sa iustice & la force des loix,
Et que l'Estat demande aux Princes legitimes
Des prix pour les vertus, des peines pour les crimes,
Souffrez qu'vn bon suiet vous face souuenir
Que vous plaignez beaucoup ce qu'il vous faut punir,
Souffrez....

Le vieil HORACE.

Quoy? qu'on enuoye vn vainqueur au supplice?

TVLE.

Permettez qu'il acheue, & ie feray iustice,
I'ayme a la rendre a tous à toute heure, en tout lieu,
C'est par elle qu'vn Roy se fait vn demy-Dieu,
Et c'est dont ie vous plains qu'aprez vn tel seruice,
On puisse contre luy me demander iustice.

VALERE.

Souffrez donc, ô grand Roy le plus iuste des Rois
Que tous les gens de bien vous parlent par ma voix,

M.

Non que nos cœurs ialoux de ses honneurs s'irritent
S'il en reçoit beaucoup ses hauts faits les meritent,
Adioustez y plustost que d'en diminuer,
Nous sommes tous encor prests d'y contribuer;
Mais puisque d'vn tel crime il s'est monstré capable
Qu'il triomphe en vainqueur & perisse en coupable,
Arrestez sa fureur, & sauuez de ses mains
Si vous voulez regner le reste des Romains,
Il y va de la perte, ou du salut du reste.
Veu le sang qu'a versé cette guerre funeste,
Et tant d: nœuds d'Hymen dont nos heureux destins
Ont vny si souuent des peuples si voisins,
Peu de nous ont iouy d'vn succés si prospere
Qu'ils n'ayent perdu dans Albe vn cousin, vn beaufrere,
Vn oncle, vn gendre mesme, & ne donnent des pleurs
Dans le bonheur public à leurs propres malheurs.
Si c'est offenser Rome & que l'heur de ses armes
L'authorise à punir ce crime de nos larmes;
Quel sang espargnera ce barbare vainqueur
Qui ne pardonne pas à celuy de sa sœur,
Et ne peut excuser la douleur vehemente
Que la mort d'vn amant iette au cœur d'vne amante,
Quand prests d'estre esclairez du nuptial flambeau
Elle voit auec luy son espoir au tombeau?
Faisant triompher Rome il se l'est asseruie,
Il a sur nous vn droit & de mort & de vie,

Et nos iours criminels ne pourront plus durer
Qu'autant qu'à sa clemence il plaira l'endurer.
Ie pourrois adiouster aux interests de Rome
Combien vn pareil coup est indigne d'vn homme,
Ie pourrois demander qu'on mist deuant vos yeux
Ce grand & rare exploit d'vn bras victorieux,
Vous verriez vn beau sang pour accuser sa rage
D'vn frere si cruel reiaillir au visage,
Vous verriez des horreurs qu'on ne peut conceuoir,
Son aage , & sa beauté vous pourroient esmouuoir,
Mais ie hay ces moyens qui sentent l'artifice.
Vous auez à demain remis le sacrifice
Pensez vous que les Dieux vangeurs des innocents
D'vne main parricide acceptent de l'encens ?
Sur vous ce sacrilege attireroit sa peine,
Ne le considerez qu'en obiet de leur haine,
Et croyez auec nous qu'en tous ses trois combats
Le bon destin de Rome a plus fait que son bras,
Puisque ces mesmes Dieux autheurs de sa victoire
Ont permis qu'aussi-tost il en souillast la gloire,
Et qu'vn si grand courage apres ce noble effort
Fust digne en mesme iour de triomphe & de mort.
Sire, c'est ce qu'il faut que vostre arrest decide,
En ce lieu Rome a veu le premier parricide,
La suite en est à craindre , & la haine des Cieux,
Sauuez nous de sa main & redoutez les Dieux.

M ij

HORACE

TVLLE.

Deffendez vous, Horace.

HORACE.

A quoy bon me defendre ?
Vous sçauez l'action, vous le venez d'entendre,
Ce que vous en croyez me doit estre vne loy :
Sire, on se defend mal contre l'aduis d'vn Roy,
Et le plus innocent que le Ciel ait veu naistre
Quand il le croit coupable, il commence de l'estre,
C'est crime qu'enuers luy se vouloir excuser,
Nostre sang est son bien, il en peut disposer,
Et c'est à nous de croire alors qu'il en dispose
Qu'il ne s'en priue point sans vne iuste cause.
Sire, prononcez donc, ie suis prest d'obeyr,
D'autres ayment la vie, & ie la dois hair.
Ie ne reproche point à l'ardeur de Valère
Qu'en amant de la sœur il accuse le frere,
Mes vœux auec les siens conspirent auiourd'huy
Il demande ma mort, ie la veux comme luy ;
Vn seul point entre nous met cette difference
Que mon honneur par là cherche son asseurance,
Et qu'a ce mesme but nous voulons arriuer
Luy pour flestrir ma gloire & moy pour la sauuer.
Sire, c'est rarement qu'il s'offre vne matiere

A monſtrer d'vn grand cœur la vertu toute entiere,
Suiuant l'occaſion elle agiſt plus ou moins,
Et paroiſt forte ou foible aux yeux de ſes teſmoins.
Le peuple qui voit tout ſeulement par l'eſcorce
Prend droit par ſes effets de iuger de ſa force,
Et s'oſe imaginer par vn mauuais diſcours
Que qui fait vn miracle en doit faire touſiours.
Apres vne action pleine, haute, éclatante,
Tout ce qui brille moins remplit mal ſon attente,
Il veut qu'on ſoit egal tout temps, en tous lieux,
Il n'examine point ſi lors on pouuoit mieux,
Ny que s'il ne voit pas ſans ceſſe vne merueille,
L'occaſion eſt moindre & la vertu pareille.
Son iniuſtice accable & deſtruit les grands noms,
L'honneur des premiers faits ſe perd par les ſeconds,
Et quand la renommée a paſſé l'ordinaire
Si l'on n'en veut dechoir il ne faut plus rien faire.
Ie ne vanteray point les exploits de mon bras,
Voſtre Majeſté, Sire, a veu mes trois combats,
Il eſt bien malaiſé qu'vn pareil les ſeconde,
Qu'vne autre occaſion à celle-cy reſponde,
Et que tout mon courage apres de ſi grands coups
Paruienne à des ſuccés qui n'aillent au deſſoubs,
Si bien que pour laiſſer vne illuſtre memoire
La mort ſeule auiourd'huy peut conſeruer ma gloire,
Encor la falloit-il ſi toſt que i'eus vaincu,

Puisque pour mon honneur i'ay desia trop vescu.
Vn homme tel que moy voit sa gloire ternie
Quand il tombe en peril de quelque ignominie,
Et ma main auroit sçeu desia m'en garantir,
Mais sans vostre congé mon sang n'ose sortir,
Comme il vous appartient, vostre adueu doit se prendre,
C'est vous le desrober qu'autrement le respandre,
Rome ne manque point de genereux guerriers,
Assez d'autres sans moy soustiendront vos lauriers,
Que vostre Maiesté desormais m'en dispense,
Et si ce que i'ay fait vaut quelque recompense‘
Permettez, ô grand Roy, que de ce bras vainqueur
Ie m'immole à ma gloire, & non pas à ma sœur.

SCENE III.

TVLLE. VALERE, Le vieil HORACE

HORACE. SABINE. IVLIE.

SABINE.

SIre, escoutez Sabine, & voyez dans son ame
Les douleurs d'vne sœur & celles d'vne femme

Qui toute defolée à vos facrez genoux
Pleure pour fa famille & craint pour fon efpoux.
Ce n'eſt pas que ie veüille auec cét artifice
Defrober vn coupable au bras de la iuſtice,
Quoy qu'il ait fait pour vous, traitez le comme tel,
Et puniſſez en moy ce noble criminel.
De mon fang malheureux expiés tout fon crime,
Vous ne changerez pöint pour cela de victime,
Ce n'en fera point prendre vne iniuſte pitié,
Mais en facrifier la plus chere moitié.
Les nœuds de l'Hymenée, & fon amour extreme
Font qu'il vit plus en moy qu'il ne vit en luy-mefme,
Et fi vous m'accordez de mourir auiourd'huy
Il mourra plus en moy qu'il ne mourroit en luy.
La mort que ie demande & qu'il faut que i'obtienne
Augmentera fa peine, & finira la mienne.
Sire, voyez l'excez de mes triſtes ennuis
Et l'effroyable eſtat où mes iours font reduits,
Qu'elle horreur d'embraffer vn homme dont l'efpée
De toute ma famille à la trame coupée,
Et quelle impieté de haïr vn efpoux
Pour auoir bien feruy les fiens, l'Eſtat, & vous?
Aymer vn bras foüillé du fang de tous mes freres!
N'aymer pas vn mary qui finit nos miferes!
Sire, deliurez moy par vn heureux trefpas
Des crimes de l'aymer, & de ne l'aymer pas.

I'en nommeray l'arreſt vne faueur bien grande,
Ma main peut me donner ce que ie vous dcmande:
Mais ce treſpas en fin me ſera bien plus doux
Si ie puis de ſa honte affranchir mon eſpoux,
Si ie puis par mon ſang appaiſer la colere
Des Dieux qu'a peu faſcher ſa vertu trop ſeuere,
Satisfaire en mourant aux manes de ſa ſœur,
Et conſeruer à Rome vn ſi bon dèfenſeur.

Le vieil HORACE.

Sire, c'eſt donc à moy de reſpondre à Valere
Mes enfans auec luy conſpirent contre vn pere,
Tous trois veulent me perdre, & s'arment ſans raiſon
Contre ſi peu de ſang qui reſte en ma maiſon.
Toy qui par des douleurs a tes deuoirs contraires
Veux quitter vn mary pour reioindre tes freres,
Va pluſtoſt conſulter leurs manes genereux ;
Ils ſont morts, mais pour Albe, & s'en tiennent heureux.
Puiſque le Ciel vouloit qu'elle fuſt aſſeruie,
Si quelque ſentiment demeure apres la vie,
Ce mal leur ſemble moindre, & moins rude ſes coups
Voyant que tout l'honneur en retombe ſur nous.
Tous trois deſaduoüeront la douleur qui te touche,
Les larmes de tes yeux, les ſoûpirs de ta bouche,
L'horreur que tu fais voir d'vn mary vertueux
Sabine, ſois leur ſœur, ſuy ton deuoir comme eux.

Contre

Contre ce cher espoux *Valere* en vain s'anime,
Vn premier mouuement ne fut iamais vn crime,
Et la loüange est deuë au lieu du chastiment
Quand la vertu produit ce premier mouuement.
Aymer nos ennemis auec idolatrie,
De rage en leur trespas maudire la patrie,
Souhaiter à l'Estat vn malheur infiny,
C'est ce qu'on nomme crime, & ce qu'il a puny.
Le seul amour de *Rome* a sa main animée,
Il seroit innocent s'il l'auoit moins aymée.
Quay-ie dit, Sire, il l'est, & ce bras paternel
L'auroit desia puny s'il estoit criminel,
I'aurois sçeu mieux vser de l'entiere puissance
Que me donnent sur luy les droits de la naissance,
I'ayme trop l'honneur, Sire, & ne suis point de rang
A souffrir ny d'affront, ny de crime en mon sang.
C'est dont ie ne veux point de tesmoin que *Valere*,
Il a veu quel accueil luy gardoit ma colere
Lors qu'ignorant encor la moitié du combat
Ie croyois que sa fuite auoit trahy l'Estat.
Qui le fait se charger des soins de ma famille?
Qui le fait mal-gré moy vouloir vanger ma fille?
Et par quelle raison dans son iuste trespas
Prend il vn interest qu'vn pere ne prend pas?
On craint qu'apres sa sœur il n'en maltraite d'autres?
Sire, nous n'auons part qu'à la honte des nostres,

N

Et de quelque façon qu'vn autre puiſſe agir
Qui ne nous touche point ne nous fait point rougir.
Tu peux pleurer Valere, & meſme aux yeux d'Horace,
Il ne prend intereſt qu'aux crimes de ſa race,
Qui n'eſt point de ſon ſang ne peut faire d'affront
Aux lauriers immortels qui luy ceignent le front.
Lauriers, ſacrés rameaux qu'on vent reduire en poudre,
Vous qui mettez ſa teſte à couuert de la foudre
L'abandonnerez vous à l'infame couſteau
Qui fait choir les méchants ſous la main d'vn bourreau?
Romains, ſouffrirez vous qu'on vous immole vn homme
Sans qui Rome auiourd'huy ceſſeroit d'eſtre Rome,
Et qu'vn Romain s'efforce à tacher le renom
D'vn guerrier à qui tous doiuent vn ſi beau nom?
Dy Valere, dy nous, puiſqu'il faut qu'il periſſe,
Ou tu penſes choiſir vn lieu pour ſon ſupplice?
Sera-ce entre ces murs que mille & mille voix
Font reſonner encore du bruit de ſes exploits?
Sera-ce hors des murs au milieu de ces places
Qu'on voit fumer encor du ſang des Curiaces,
Entre leurs trois tombeaux, & dans ce champ d'honneur
Teſmoin de ſa vaillance, & de noſtre bonheur?
Tu ne ſçaurois cacher ſa peine à ſa victoire,
Dans les murs, hors des murs, tout parle de ſa gloire,
Tout s'oppoſe à l'effort de ton iniuſte amour
Qui veut d'vn ſi bon ſang ſoüiller vn ſi beau iour.

Albe ne pourra pas souffrir vn tel spectacle,
Et Rome auec ses pleurs y mettra trop d'obstacle.
Vous les preuiendrez, Sire, & par vn iuste arrest
Vous sçaurez embrasser bien mieux son interest.
Ce qu'il a fait pour elle il le peut encor faire,
Il la peut garantir encor d'vn sort contraire.
Sire, ne donnez rien à mes debiles ans,
Rome auiourd'huy m'a veu pere de quatre enfans,
Trois en ce mesme iour sont morts pour sa querelle,
Il m'en reste encor vn, conseruez le pour elle,
N'ostez pas à ses murs vn si puissant appuy,
Et souffrez pour finir que ie m'adresse à luy.
Horace, ne croy pas que le peuple stupide
Soit le maistre absolu d'vn renom bien solide,
Sa voix tumultueuse assez souuent fait bruit,
Mais vn moment l'esleue, vn moment le destruit,
Et ce qu'il contribuë à nostre renommée
Tousiours en moins de rien se dissipe en fumée.
C'est aux Rois, c'est aux grands, c'est aux esprits bien
A voir la vertu pleine en ses moindres effets, [faits
Ces d'eux seuls qu'on reçoit la veritable gloire,
Eux seuls des vrais Heros asseurent la memoire,
Vy tousiours en Horace, & tousiours aupres d'eux
Ton nom demeurera grand, illustre, fameux,
Bien que l'occasion moins haute, ou moins brillante
D'vn vulgaire ignorant trompe l'iniuste attente.

N ij.

Ne hay donc plus la vie, & du moins vy pour moy
Et pour seruir encor ton pays & ton Roy.
Sire, i'en ay trop dit, mais l'affaire vous touche,
Et Rome toute entiere a parlé par ma bouche.

VALERE.

Sire, permettez moy...

TVLLE.

                    Valere, c'est assez,
Vos discours par les leur ne sont pas effacez,
I'en garde en mon esprit les forces plus pressantes,
Et toutes vos raisons me sont encor presentes.
Cette enorme action faite presque à nos yeux
Outrage la nature, & blesse iusque aux Dieux.
Vn premier mouuement qui produit vn tel crime
Ne sçauroit luy seruir d'excuse legitime,
Les moins seueres loix en ce point sont d'accord,
Et si nous les suiuons, il est digne de mort.
Si d'ailleurs nous voulons regarder le coupable,
Ce crime quoy que grand, enorme, inexcusable,
Vient de la mesme espée, & part du mesme bras
Qui me fait auiourd'huy maistre de deux Estats.
Deux sceptres en ma main, Albe à Rome asseruie
Parlent bien hautement en faueur de sa vie;

Sans luy i'obeyrois où ie donne la loy,
Et ie serois suiet où ie suis deux fois Roy.
Assez de bons suiets dans toutes les prouinces
Par des vœux impuissants s'acquitent vers leurs Princes.
Tous les peuuent aimer, mais tous ne peuuent pas
Par d'illustres effets asseurer leurs Estats,
Et l'art, & le pouuoir d'affermir des Couronnes
Sont des dons que le Ciel fait à peu de personnes,
De pareils seruiteurs sont les forces des Rois
Et de pareils aussi sont au dessus des loix.
Quelles se taisent donc, que Rome dissimule
Ce que dés sa naissance elle vit en Romule,
Elle peut bien souffrir en son liberateur
Ce qu'elle a bien souffert en son premier autheur.
Vy donc, Horace, vy guerrier trop magnanime,
Ta vertu met ta gloire au dessus de ton crime,
Sa chaleur genereuse à produit ton forfait,
D'vne cause si belle il faut souffrir l'effet.
Vy pour seruir l'Estat, vy, mais ayme Valere,
Qu'il ne reste entre vous ny haine ny colere,
Et soit qu'il ait suiuy l'amour, ou le deuoir
Sans aucun sentiment resous toy de le voir.
Sabine, escoutez moins la douleur qui vous presse,
Chassez de ce grand cœur ces marques de foiblesse,
C'est en sechant vos pleurs que vous vous monstrerés
La veritable sœur de ceux que vous pleurez.

N iij

Mais nous deuons aux Dieux demain vn sacrifice,
Et nous aurions le Ciel à nos vœux mal propice
Si nos Prestres, auant que de sacrifier,
Ne trouuoient les moyens de le purifier.
Son pere en prendra soin, il luy sera facile
D'appaiser tout d'vn temps les manes de Camille,
Ie la plains, & pour rendre à son sort rigoureux
Ce que peut souhaiter son esprit amoureux,
Puisque en vn mesme iour l'ardeur d'vn mesme zele
Acheue le destin de son amant & d'elle,
Ie veux qu'vn mesme iour témoin de leurs deux morts
En vn mesme tombeau voye enfermer leurs corps.

     Le Roy se leue, & tous le suiuent hormis Iulie.

SCENE DERNIERE.

IVLIE.

CAmille, ainsi le Ciel t'auoit bien aduertie
   Des Tragiques succés qu'il t'auoit preparés,
Mais toufiours du secret il cache vne partie
Aux esprits les plus nets, & les mieux éclairez.

Il sembloit nous parler de ton proche Hymenée,
Il sembloit tout promettre à tes vœux innocents,
Et nous cachant ainsi ta mort inopinée
Sa voix n'est que trop vraye en trompant nostre sens.
　　Albe & Rome auiourd'huy prennent vn autre face,
Tes vœux sont exaucez, elles goustent la paix,
Et tu vas estre vnie auec ton Curiace
Sans qu'aucun mauuais sort t'en separe iamais.

FIN.

Extraict du priuilege du Roy.

LOVYS PAR LA GRACE DE DIEV ROY DE FRANCE ET DE NAVARRE. A nos amez & feaux Confeillers les gens tenans nos Cours de Parlement, Maiftres des Requeftes ordinaires de noftre Hoftel, Baillifs, Senefchaux, Preuofts, leurs Lieutenans & tous autres de nos Iufticiers & Officiers qu'il appartiendra, Salut. Noftre bienamé AVGVSTIN COVRBE', Libraire à Paris, Nous a fait remonftrer qu'il defiretoit imprimer *Horace Tragedie, par Corneille*, s'il auoit fur ce nos lettres neceffaires, lefquelles il nous à tres-humblement fupplié de luy accorder: A ces caufes nous auons permis & permettons à l'expofant d'imprimer, vendre & debiter en tous lieux de noftre obeiffance ledit liure, en telles marges, en tels caracteres, & autant de fois qu'il voudra durant l'efpace de dix ans entiers & accomplis, à compter du iour qu'ils feront acheuez d'imprimer, pour la premier fois; Et faifons tres-expreffe defenfes à toutes perfonnes de quelque qualité, & condition qu'elles foient, de les imprimer, faire imprimer, vendre ny diftribuer en aucun endroit de ce Royaume durant ledit temps, foubs pretexte d'augmentation, correction & changement de tiltre, ou autrement, en quelque forte & maniere que ce foit, à peine de quinze cens liures d'amande, payable fans deport par chacun des contreuenans, & applicables vn tiers à nous, vn tiers à l'Hoftel Dieu de Paris, & l'autre à l'expofant, de confifcation des exemplaires contrefaites, & de tous defpens dommages & interefts: A condition qu'il en fera mis deux exemplaires en noftre Bibliotheque publique, & vn en celle de noftre tres-cher & feal le fieur Seguier, Cheualier Chancelier de France, auant que l'expofer en vente, à peine de nullité des prefentes, du contenu defquelles nous vous mandõs que vous faffiez iouyr plainement & paifiblement l'expofant, & ceux qui auront droict d'iceluy, fans qu'il luy foit fait aucun trouble ny empefchement. Voulons auffi qu'en mettant au commencement ou à la fin defdits liures vn bref extraict des prefentes, elles foient tenuës pour deuëment fignifiées, & que foy y foit adjouftée, & aux coppies d'icelles collationnées par l'vn de nos amez & feaux Confeillers & Secretaires, comme à l'original. Mandons auffi au premier Huiffier ou Sergent fur ce requis, de faire pour l'execution des prefentes tous exploits neceffaires fans demander autre permiffion: CAR TEL EST NOSTRE PLAISIR: Nonobftant oppofitions ou appellations quelconques, & fans preiudice d'icelles, Clameur de Haro, Chartres Normande, & autres lettres à ce contraires. DONNE' à Paris le 11. iour de Decembre l'an de grace mil fix cens quarante: Et de noftre Regne le trente-vniefme. Signé, Par le Roy, en fon Confeil: CONRART. feelle fur fimple queuë de cire jaune.

Les exemplaires ont efté fournis ainfi qu'il eft porté par le priuilege. *Acheué d'imprimer le 15. Ianuier 1641.*

www.ingramcontent.com/pod-product-compliance
Lightning Source LLC
Chambersburg PA
CBHW051234050726

47594CB00001B/162